MONDO ECONOMICO 166

MANAGER SONGBOOK

Piero Chiappano

MANAGER SONGBOOK

Rock e canzone d'autore per migliorare l'azienda

Prefazione di Franco Mussida

GRUPPO 24 ORE

ISBN 978-88-6345-149-8

Sede legale e amministrazione: via Monte Rosa, 91 - 20149 Milano
Redazione: via G. Patecchio, 2 - 20141 Milano
Per informazioni: Servizio Clienti 02.3022.5680, 06.3022.5680
Fax 02.3022.5400 oppure 06.3022.5400
e-mail serviziocienti.libri@ilsole24ore.com

Fotocomposizione: Jo type di Nisticò Francesco & C. snc, via Figino, 1/A - 20016 Pero (Milano)
Stampa: Rotolito Lombarda, via Roma 115/A - Pioltello (Milano)

Prima edizione: luglio 2010

Sommario

VII Prefazione
di Franco Mussida

1 Preludio

Primo tempo
Musica popolare e management aziendale

9 1. Il sistema *corporation*
13 2. Il management come professione
17 3. My Generation
23 4. Born to Run
29 5. Rock management

55 Interludio

Secondo tempo
Canzoni per manager

6. Osservazione della realtà
62 Di passaggio
66 Ci vuole un fiore
71 Un senso

7. Responsabilità
78 Prima di partire per un lungo viaggio
82 Il rubacuori
86 La guerra dell'acqua
91 La leva calcistica della classe '68
94 La cura

8. Potere
100 Shakleton
106 Alessandro e il mare
110 Un giudice
115 Eppur si muove

9. Trappola organizzativa
124 La nave
130 Per Elisa
134 Il mare d'inverno

10. Autodisciplina
140 Una vita da mediano
146 Faceva il palo
151 Quattro amici

11. Fiducia
158 Ragazzo mio
164 La costruzione di un amore
168 Un giorno credi
173 L'isola che non c'è

179 Finale

187 Melografia
190 Filmografia
191 Bibliografia

Prefazione

Come mai il contenuto di una canzone, che in poche sillabe ci propone un messaggio di umanità, un'esortazione a un vivere sociale che ci faccia sentire migliori, viene accolta e rimane in noi in modo permanente e agisce in profondità più di cento trattati di filosofia?

Parafrasando una nota pubblicità – piuttosto che Shakespeare – si potrebbe dire che le canzoni sono comunicate con la stessa sostanza dei sogni, non le automobili o le macchine, anche se è vero che le macchine che costruiamo le caviamo dai nostri pensieri, dal continuo sognare un futuro migliore. Quando i fratelli Wright alzarono in volo il loro primitivo velivolo, si sancì non solo il preludio all'esplorazione dello spazio, ma l'espressione di un sogno comune: quello di tutti noi bipedi terrestri di volare, di muoversi consapevolmente in un altro elemento, l'aria, dal quale siamo dipendenti e con il quale, nonostante i progressi, abbiamo un rapporto prevalentemente istintivo. Ci accorgiamo dell'aria quando il vento ci soffia sulla faccia, mettiamo fuori la testa dal finestrino dell'auto, ci togliamo per un attimo il casco andando in moto o prendiamo la polmonite.

Eppure respiriamo, respiriamo, respiriamo, migliaia di volte in un giorno. Lo facciamo in modo automatico, senza prestarci attenzione, per abitudine. Perlopiù l'aria la usiamo nell'attività che ci porta via la maggior parte del tempo: parlando. Sì, parliamo in continuazione. Parliamo così tanto che ci stufiamo di ascoltarci l'uno con l'altro. Ed è proprio questo che ci spinge a cercare collegamenti con una dimensione che si manifesta proprio in virtù dell'aria: quella del silenzio. La voglia di tacere, oppure di ascoltare qualcosa fatto di una diversa sostanza vibrante: la Musica. Energia che per forma e intensità assomiglia alle onde del mare, ma che ha come sostanza il contenuto delle nostre emozioni più intime, intenzioni e sentimenti. Emozioni e sentimenti che proprio perché trasmessi attraverso il suono hanno la capacità di scatenare le più devastanti e impulsive tempeste emozionali.

Dal modo con cui ci rapportiamo con l'elemento dell'aria dipende spesso la capacità di orientare il nostro pensare, di rendere un po' più governabili i sentimenti. È attraverso il suono che manteniamo i nostri rapporti, che trasmettiamo del tutto inconsciamente la nostra simpatia o antipatia, il piacere o il dispiacere per chi abbiamo di fronte, e per conseguenza passa attraverso il suono il buon fine di un affare o la nascita di un'amicizia, perfino il modo in cui orientiamo la nostra crescita. Il suono è il veicolo che ci permette di trasmettere ciò che pensiamo, vogliamo, sentiamo affettivamente, che comunica ciò che viviamo dentro, che manifesta le nostre opinioni su ciò che sta fuori di noi. Quando esprimiamo qualcosa che ci riguarda lo facciamo attraverso il suono, parlando o, molto più raramente, cantando. Parola e canto, due stati confinanti, dimensioni contigue ma diverse. Nella prima lastrichiamo di sillabe il solido terreno della ragione, con le sue strade, i suoi infiniti incroci logici di pensiero che portano a cambiare direzione incontrandone altri e poi altri ancora; oppure continuiamo a far fare loro ossessivamente gli stessi percorsi, o ci facciamo condurre in labirinti complicati, kafkiani, senza vie d'uscita. Attraverso le parole ci è dato modo di nominare il senso di ciò che abbiamo compreso razionalmente. Certo, le rivestiamo poi di dati soggettivi, di benefica eccitazione, di freddezza, di cattiveria, di entusiasmo, di melanconica sofferenza, o – rarissimamente, al colmo dell'intuizione – portiamo le parole a legarsi con l'arte vera, facendole diventare palloni aerostatici, ovvero poesia.

Quella della parola sta tuttavia diventando una terra sempre più arida che serve prevalentemente per trasferire informazioni utili al lavoro o allo svago quotidiano. Una terra però con elementi di magia, dove è possibile in ogni momento attivare particolari "piste di volo" in cui alla parola "detta", parlata, è consentito di mettere le ali. Dove le si può togliere la zavorra dell'utilitarismo e dell'indifferenza e con quelle ali consentirle di alzarsi, di volare in una dimensione più alta rendendoci partecipi di questa visione.

È facile, basta socchiudere gli occhi, portare il mento in avanti, fare un bel respiro, dare velocità e forza a speranze o altre intenzioni interiori, e poi con un po' di coraggio darsi una spinta, muovere la colonna d'aria. Quando questa arriva in prossimità della laringe, si clicca su un'apposita icona posta in alto a sinistra sullo schermo del nostro cervello e in un attimo quell'aria si trasforma, e la parola da "detta", pronunciata, diventa parola cantata. E così inizia il volo, un veleggiare liberi come alianti nel nostro cielo affettivo, descrivendone il contenuto di pensiero e sentimento assieme, rendendo partecipe del racconto di quel volo chi sta ascoltando.

Il Canto è un cambio di stato, non solo mentale. Ci libera del peso corporeo ed esprime una sensazione molto simile a ciò che si prova la prima volta che ci si alza in volo. Una sensazione di eccitazione mista a timore derivata dal provare a muoversi in un altro stato, in un'altra dimensione, privati come si è della sicurezza che ci dà il tenere i piedi ben piantati per terra. Cantare è un po' "viaggiare" usando in modo diverso l'aria che abbiamo in noi. Viaggi che le parole, come il barone di Münchausen, compiono a cavallo delle note; sono "arie", melodie che accolgono cronaca, riflessioni, sfoghi, rabbia, storie di vita vera o di fantasia. Le respiriamo spesso in modo automatico trattenendo solo quel tanto di piacere che riusciamo a cogliere senza sforzo, spesso lasciando lì il meglio delle intenzioni, delle strutture testuali e musicali.

Avendo alle spalle ormai 50 anni di carriera di musicista e di autore, avendo lavorato in più occasioni con tanti artisti e maestri di suono e di intelletto – uno davvero speciale è stato Fabrizio De André –, ho potuto vivere la forza e il superiore fascino che il canto e il suono di una voce sanno dare alla parola e alla struttura di un testo. Un valore dirompente per l'ascoltatore, che ne esalta in modo formidabile il contenuto intellettuale. La Musica, messa in relazione al testo, esercita la sua magia attraverso un insieme di elementi occulti che ne costituiscono l'attrattiva: è così che le canzoni diventano come delle vitamine, tanto più potenti quanto più vengono assunte e metabolizzate direttamente, cantandole o suonandole.

Anche per questo amo portare la Musica là dove non c'è, nelle aziende per esempio. È bello far suonare e cantare le persone, creare vere e proprie band, gruppi aziendali, dove magari l'addetto alla reception suona il trombone, i chitarristi sono il responsabile vendite e l'addetto alla manutenzione delle turbine, la cantante è la segretaria di direzione, il batterista si occupa di petrolio e i coristi hanno i ruoli più diversi, come accade nella Edison Band: gente che tutti i giorni si incrocia, si divide in mansioni e che nel tempo del dopolavoro cerca di comprendersi meglio umanamente, coltivando insieme la passione per la Musica. Una meraviglia vitale che farebbe bene a tutti, ma che pochi ancora utilizzano, che andrebbe considerata e goduta non solo come superficiale sottofondo sonoro, leggera tappezzeria emotiva che ci sfiora distrattamente mentre beviamo un aperitivo, ma come forza motivante capace di arricchirci, di renderci migliori.

Per questo sono contento che venga pubblicato questo libro che porta riflessioni sulla Musica del quotidiano all'attenzione di chi le aziende le dirige. Considero la visita di Piero Chiappano al CPM (Centro Professione Musica) Music Institute che dirigo da 25 anni e la sua gradita conoscenza la conseguenza di un suo essersi accorto con intelligenza, sagacia e curiosità del grande patrimonio di idee e di indicazioni utili a tutti i livelli, anche quello organizzativo aziendale, che può nascondersi dietro l'apparente semplicità di una canzonetta.

Questo suo lavoro di ricerca, che individua nella canzone pop e rock un percorso per comprendere e ricavare principi etici di efficienza applicabili al sistema produttivo aziendale, è anche il segno di un voler meritevolmente nobilitare la canzone al rango che le spetta. Si tratta infatti di brani proposti da autentiche personalità artistiche (non semplici "canzonettari della domenica") che esprimono il proprio talento scrivendo, cantando i propri pensieri, le proprie visioni, immagini, emozioni, i propri valori: materiale che vale la pena di accogliere, comprendere, analizzare a fondo.

Un invito a riflettere su ciò che di nuovo ha da offrire una canzone famosa: riascoltarla, tirarne fuori principi utili e inaspettati e una buona risposta a un modo di vivere veloce e un po' sprecone, restituendo profondità a brani che se lo meritano: da *Thunder Road* a *La cura*, da *Born to Run* a *Una vita da mediano*, da *The Rising* a *Un giorno credi*, da *Born in the USA* a *Ragazzo mio*, ma anche a *Un giudice* o a *Un senso*, le canzoni hanno tanto da dire e da dare, basta guardarle in modo diverso e provare a viverle, come indicato in questo libro. Le canzoni, come certe novelle in letteratura, sanno elevarci portandoci in profondità. Non è una battuta, lo fanno davvero e nel modo più facile e popolare, usando l'ironia e la semplicità del linguaggio quotidiano. È solo questo che le fa "leggere", ma al tempo stesso le rende uniche e di una preziosità straordinaria.

Franco Mussida
Musicista, compositore e fondatore della PFM
Presidente del CPM Music Institute di Milano

A mia madre,
nel ricordo dei pomeriggi
passati insieme ad ascoltare
le radio libere.

Preludio

Questo non è un libro contro le aziende private (da quelle padronali alle multinazionali) o contro il libero mercato: è un libro contro le storture, le improvvisazioni, le esasperazioni delle aziende private e del libero mercato. Ed è un libro che vuole fare il punto sul significato della persona all'interno dell'azienda moderna, *risorsa umana* che è sempre meno risorsa e sempre meno umana.

Sempre meno *risorsa* perché, assistendo a un *directors meeting* di qualunque azienda medio-grande, si può capire come del personale si finisca quasi sempre per parlarne come accidente *in substantia*, con gli HR director impegnati donchisciottescamente a spiegare ai mulini a vento del Finance Department che i dipendenti sanno essere molto più di una variabile di costo.

Sempre meno *umana* perché corsi universitari e master via via più specialistici sfornano futuri manager che sono fotocopie di fotocopie, individui intercambiabili e perfettamente sostituibili. Un assurdo se si pensa che, se in natura si può riconoscere qualcosa di esaltante, questo è dato proprio dall'irripetibilità e unicità di ogni vita umana: crocevia di esperienze, alveo di valori, produzione di ragione e sentimento. Quello che nel mercato è solo un'ipotesi teorica ben conosciuta dagli studenti di economia politica – la concorrenza perfetta – nel mercato del lavoro è ormai una realtà, e con un duplice danno.

Per l'azienda, perché se da un lato fa comodo tenere sotto controllo il potere contrattuale dei manager, dall'altro può risultare imbarazzante dover superare una crisi di settore avvalendosi di persone che non sono in grado di fare la differenza in quanto pensano e agiscono in base agli stessi moduli mentali, agli stessi strumenti acquisiti e persino attraverso i medesimi stilemi linguistici. E un danno per il dipendente, perché da giovane di talento e di belle speranze si trova a percorrere, come il *Candido* di Voltaire, un iter di graduale disillusione che può sfociare in rancore, disaffezione, mancanza di appagamento, di obiettivi, di significato.

Da qui l'idea di non scrivere il milionesimo manuale ricco di schemi, processi e soluzioni prêt-à-porter coperte da qualche prodigioso copyright, ma un saggio che, per il tramite di due elementi inconsueti come il *rock* e la *musica d'autore*, riporti l'uomo saldamente in contatto col proprio vissuto emotivo e da questi impari a non scindersi sul luogo di lavoro. L'individuo è *uno* e come tale, in contesti di gruppo e quindi anche sul lavoro, apporta valore e significato solo in quanto la sua unità come persona gli permette di trasformare la propria presenza in energia: da rinnovare, amministrare, distribuire. Si tratta, in definitiva, di riportare i manager all'origine delle loro scelte, alle variabili che influenzano le loro decisioni, alle cause dei loro piaceri e dolori professionali, in modo che ognuno possa interpretare la propria vicenda lavorativa solo ed esclusivamente alla luce di ciò che lui stesso ha scelto di essere.

L'idea di scrivere di management attraverso metafore e storie che traggono anima dalla musica popolare si è manifestata al contempo come urgenza e come constatazione. Dopo aver trascorso per ragioni professionali svariati anni immerso in letture, approfondimenti teorici, filosofie manageriali, mi è capitato di sentirmi come colui che va a cercare se stesso in India pur essendosi perso a Milano. Nel senso che, se è vero che le teorie si apprendono, è ancor più vero che le attitudini si scoprono dentro di sé. E sono sempre più convinto che, per come il mondo del lavoro si pone oggi, con i suoi ritmi sincopati, le sue voci dissonanti, i repentini cambiamenti di organico e di genere, siano sempre più l'attitudine e l'intelligenza relazionale a stabilire le qualità di base di un manager, nella cui terra si potrà poi seminare la competenza specialistica.

Indagare questi aspetti vuol dire andare ben oltre l'analisi di un percorso scolastico e di un curriculum professionale: vuol dire fare luce sulla *cultura* di una persona. E la musica, anche per gli analfabeti dell'argomento, è una componente di questa cultura. A ogni comunità umana appartiene una musica sua propria, a ogni fase storica di una civiltà corrisponde un particolare rapporto con la fruizione musicale. Ci sono culture come quella indiana che hanno attribuito una tale importanza alla musica da connetterla col ritmo della creazione (la danza di Shiva), mentre nella storia della cultura occidentale la musica ha spesso goduto di una riverenza particolare da parte dei filosofi («La vita senza la musica sarebbe un errore», diceva Nietzsche) e degli intellettuali in genere al punto che, per fare un esempio, nel Medioevo lo studio della teoria musicale era considerato il compimento delle arti liberali (il corso scolastico che costituiva il fondamento della conoscenza umana).

Per l'Occidente contemporaneo, borghese, pasciuto, avaro di slanci creativi, la musica è perlopiù solo diletto, commento, sottofondo, ma ciò non toglie che in certe canzoni si acquatti un senso riposto – una «veritade ascosa sotto bella menzogna» (Dante Alighieri, *Convivio*, II, 2) – che è lì in attesa di essere illuminato dalla fiaccola della nostra curiosità. Capita così che alcuni testi musicati possano essere reinterpretati alla luce dell'esperienza manageriale e fungere da guida, da elemento chiarificatore nelle situazioni lavorative più tipiche. Richiamati alla mente al momento opportuno, sfruttando analogie e consonanze e lavorando con modalità laterali, possono risultare più efficaci di tanti manuali, sia per la loro immediatezza e facile rammemorazione, sia perché si tratta solo di risvegliare un sapere che già possediamo nel profondo.

Questo libro si rivolge a tutti coloro che esercitano la professione di manager, che si apprestano a svolgerla o che sognano una carriera in questo ruolo. Mi riferisco in particolare a quadri e dirigenti di qualunque settore di mercato, qualificando con la parola "manager" quei professionisti che raggiungono i propri obiettivi attraverso il lavoro di altre persone. L'assunto di base è la ritrattazione di due principi di management molto diffusi, almeno in parte già confutati a livello teorico ma, come spesso accade ai paradigmi culturali che sopravvivono per decenni alle rivoluzioni di pensiero, ancora ben vivi nel comportamento medio aziendale.

Il primo è "Quando il manager entra al lavoro lascia l'uomo fuori dalla porta": intenzione peregrina e poco furba. Innanzitutto perché, se si considera il tempo medio che un manager dedica al lavoro e ipotizzando un riposo notturno di sette ore circa, significa che il manager *vive senza vivere* quasi due terzi della sua vita. E poi perché non c'è più bisogno di scomodare Sigmund Freud, Paul Watzlawick e altri loro illustri colleghi per spiegare che il comportamento umano, dalla profusione di sforzi al modo di prendere decisioni, è costantemente influenzato dal vissuto psicologico, conscio e inconscio, dal sistema di relazioni e dal gioco di azioni-reazioni in cui quotidianamente si trova ad agire.

Il secondo principio è "Pensa globalmente e agisci localmente". Inaccettabile *misunderstanding* perché non si può agire localmente in un mondo globalizzato. Oggi persino il gestore di un negozietto di frutta e verdura là nell'angolo della periferia romana è coinvolto nelle dinamiche pazze del mercato mondiale. Come potrebbe non esserlo un manager che per statuto concorre alla decisione di come investire capitali, suggerisce e governa modelli organizzativi, retribuisce, include ed esclude lavoratori, contribuisce a determinare la ricchezza/povertà di intere aree geografiche, condiziona gli standard di consumo, veicola *way of life*, istituisce mondi a cui si desidera appartenere, dialoga alla pari col potere politico?

La confutazione dei due principi rimanda al motivo conduttore di tutte le parole che seguiranno: il concetto di *responsabilità*. Bisogna tornare ai fondamentali e ribadire con forza che la responsabilità, da quando esistono gli agglomerati sociali, è l'essenza più cristallina dell'arte del comando: fonte di credibilità, rispetto, armonia delle relazioni e condivisione degli scopi.

Il libro si divide in due tempi.

Il primo tempo, *Musica popolare e management aziendale*, riassume natura e implicazioni socioeconomiche della variante aziendale più moderna e potente, la multinazionale o corporation, per poi ripercorrere sinteticamente gli aspetti psicosociali della generazione che sta per assurgere alle massime posizioni del potere economico e politico, quella nata tra gli anni Sessanta e gli anni Settanta. Da qui, attraverso la narrazione di un'esperienza personale (la mia passione per Bruce Springsteen), colgo l'occasione per individuare una serie di esemplificazioni metaforiche che dalla musica rock e d'autore conducono diritte alla gestione aziendale.

Il secondo tempo del libro, *Canzoni per manager*, raccoglie e commenta 22 canzoni italiane di autori e interpreti affermati scritte nell'arco di poco più di un quarantennio: da ognuna si trae un principio utile per capire il rapporto tra il lavoratore e il suo lavoro in un'azienda moderna, per orientare il manager nei momenti di crisi o di difficoltà nel chiarire e interpretare le situazioni che via via gli capitano sotto gli occhi. Ogni esegesi funziona come un gioco di scatole cinesi: ogni canzone ne può richiamare altre oppure stimolare il confronto con la produzione cinematografica, letteraria, poetica, filosofica. Si procede per somiglianze, salti logici, cercando nel profondo le consonanze senza timori reverenziali. Tutto è descritto in modo che possa essere compreso e metabolizzato anche da chi qualche canzone non l'ha mai ascoltata.

Le speranze sono due: la prima è che il discuterne in un certo modo spinga il lettore a rispolverare certi repertori musicali o ad appropriarsene per la prima volta (tutte le edizioni commentate sono agevolmente reperibili sul mercato); la seconda, che è poi lo scopo di questo libro, è che l'interpretazione proposta stimoli effettivamente un comportamento fondato sulla responsabilità, dando calore e nerbo a quello spazio psicologico che nel manager precede la scelta di un determinato comportamento.

Non v'è alcuno sforzo da compiere, tranne lasciar cadere il pregiudizio e… seguire la musica.

Piero Chiappano
pierochiappano@hotmail.com

Primo tempo
Musica popolare e management aziendale

Bisogna insistere finché non sarà chiaro
e queste terre aride cominceranno a trattarci bene.

Bruce Springsteen, *Badlands*, 1978

1. Il sistema corporation

La corporation o multinazionale è una *persona giuridica*. Questo significa che non esiste in natura, nasce dal progetto di alcuni uomini con un capitale a disposizione che le assegnano un compito chiaro, unico e irrevocabile: garantire agli azionisti un soddisfacente ritorno sull'investimento, in pratica la remunerazione del capitale.

Mission e legge evolutiva

Non c'è molto da aggiungere. Se possiamo discutere sul perché un essere umano venga al mondo – tendere al bene, perseguire la propria felicità, contribuire alla realizzazione di un piano divino o la conservazione della specie –, sul perché venga istituita una corporation non ci sono dubbi: nasce per fare profitto. Questa è la mission della corporation, la sua ragione di vita, il suo unico significato. Chi guida la corporation è al servizio di questa mission e di niente altro, pena la sua uscita di scena, esattamente come un allenatore di calcio o un pilota di Formula Uno: se non vincono vengono sostituiti e nessuno si ricorderà più di loro. Fin qui niente di strano:

> È il libero mercato e tu ne fai parte

diceva Gordon Gekko, il cinico finanziere protagonista di *Wall Street* di Oliver Stone (1987), al giovane e ambizioso Buddy.

Vale la pena però di ricordare che i primi modelli di corporation, tra le ragioni della loro fondazione, avevano anche quella di garantire la realizzazione di grandi opere pubbliche e quindi concorrere al miglioramento delle condizioni sociali della popolazione. I tempi sono sensibilmente cambiati: oggi la corporation si è trasformata in un soggetto autoreferenziale, che vive di vita propria, spesso insofferente alle Costituzioni nazionali e ai diritti civili (dallo sfruttamento del lavoro minorile al rispetto dei minimi requisiti della sicurezza sul lavoro), che molto prima di creare prodotti si preoccupa di creare l'immagine di se stessa e di diffonderla in modo che il consumatore-lavoratore vi si conformi con ingenuo candore, come la falena quando si getta nel fuoco. E in nome del profitto molto travolge e molto trasforma, scolpendo il proprio destino attraverso la promozione di una *forma mentis* che non ammette cedimenti ma solo complici lungo il percorso dell'autoglorificazione. Delle implicazioni morali la maggior parte delle corporation sembra non potersi curare. Tutta pervasa dal suo imperativo categorico, come un Terminator, un Agente Smith, la corporation persegue il suo scopo e obbedisce alla legge evolutiva: *chi non cresce, decresce.*

Il manager al microscopio

Provando a volgere in metafora, possiamo dire che le corporation sono diventate come treni che viaggiano a velocità in costante aumento, percorrendo binari sempre vecchi e sempre nuovi, che tagliano il pianeta con la malcelata pretesa di creare un unico striminzito modello di consumatore-lavoratore in un unico sterminato mercato mondiale, condizionando scelte e orizzonti personali.

Chi fa il manager oggi sale su quel treno con l'entusiasmo e l'esuberanza di chi vuole giocarsi la vita onestamente, ma in breve finisce col dimenticare che quel treno ha dei finestrini e che il panorama che si vede fuori è spesso molto più avvincente delle lotte di potere per la conquista di una divisione o della tresca con la collega del tal dipartimento, e che la fedeltà alle proprie radici è qualcosa di più ultimativo e centrale dell'osservanza di una carta dei valori aziendali. Non solo, finisce anche col dimenticare perché è salito su quel treno, quale sia la stazione d'arrivo e, fatto non meno importante, che come in tutti i viaggi il biglietto lo sta pagando lui.

Così, giorno dopo giorno, il manager impara a recitare il proprio ruolo per confermare il suo senso dell'Io all'interno di un sistema di pensiero che della corporation è un'emanazione precisa e utilitaristica, abilmente assuefatto a una serie di narcotici del tempo libero che vanno dallo shopping del sabato al centro benessere della domenica, fino all'intrattenimento televisivo delle serate infrasettimanali. E impara a vivere di cultura a buon mercato, di riassunti e semplificazioni, di riflessi condizionati ecc., dimenticando che la laurea che ha preso dovrebbe consentirgli una capacità di pensiero dialettico sufficiente per rielaborare in senso critico le sue esperienze e la sua condizione: un *Burattino senza fili*, per prendere a prestito un felice titolo di Edoardo Bennato del 1977.

Dipendente. Non esiste in realtà parola più drammatica per definire il manager, perché il manager alla corporation deve molto più di uno stipendio: gli deve una ragione sociale, una collocazione di prestigio, la considerazione della comunità cui appartiene, la possibilità di giovarsi di quegli indicatori (dal SUV alla villetta con giardino) che gli valgono la distinzione tra chi ce l'ha fatta e chi no. E come ciliegina sulla torta, il manager rischia di passare da una dipendenza a un'altra: quella degli psicofarmaci. È sufficiente considerare quei manager, per ora soprattutto americani, che si ritrovano senza lavoro da un giorno all'altro a seguito di fusioni e acquisizioni societarie. Non vengono tagliati per ragioni di merito, ma solo per l'ottimizzazione dei costi aziendali. Trattati come asset improduttivi, si ritrovano a fare i conti con un sistema che scoprono non averli mai amati, soltanto usati. E reagiscono nel peggiore dei modi: la crisi d'identità finanzia una depressione che non sanno gestire perché non hanno mai pensato a costruirsi un'alternativa, convinti che in buona sostanza un'alternativa non possa nemmeno esistere.

Un patto psicologicamente scellerato che sembra riflettere il clima descritto da Bruce Springsteen in *Souls of the Departed* (1992):

> Ora recito la mia parte nella terra del re dollaro
> dove sei pagato e il tuo silenzio viene scambiato per onore
> e tutte le odiose e sporche piccole bugie
> sono cancellate dai libri e scritte negli occhi degli uomini perbene.

2. Il management come professione

Detto così sembra che non ci sia scampo. Dopo *essere o non essere* e *destra o sinistra*, ecco presentarsi il dilemma *corporation sì, corporation no*. Pare proprio non esserci dialogo e chi viola la consegna rischia grosso, come in *Fuga di mezzanotte* di Alan Parker (1978), quando il protagonista in carcere sceglie di affrontare il camminamento dell'ora d'aria in senso contrario rispetto ai compagni di prigionia per ribadire che gli altri sono pazzi, lui no.

Ebbene, le pagine che seguono non vogliono sostenere una tesi a senso unico né pretendono di alzare il vessillo dell'utopia: si augurano solo di essere realistiche. È infatti semplicistico, per non dire scontato, dichiararsi contro un meccanismo che se potesse, a scopo di profitto, farebbe a meno della forza lavoro umana. La verità è che in questo sistema siamo tutti in qualche modo implicati, anche chi fa di tutto per starne fuori. La quotidianità stessa della vita ci porta costantemente a contatto con prodotti che provengono da fonti transnazionali (dai detersivi alle automobili), le banche in cui depositiamo i nostri risparmi sono commiste con l'estero, gli amici, i parenti, i nostri stessi hobby possono essere condizionati dalle corporation (anche dietro la musica che ascoltiamo c'è la decisione di una company transnazionale che ha deciso cosa pubblicare, distribuire e promuovere e cosa invece lasciar marcire nei garage).

Per uscire dall'impoliticità delle dichiarazioni e nel tentativo di apportare concretezza, voglio rivolgermi a tutte le persone che, nonostante le incognite di schizofrenia latenti nel sistema, sono convinte che il management sia una degna professione, in grado di dare soddisfazioni non puramente egoistiche a se stessi e ai propri affetti, e a quelle persone che vogliono vederci più chiaro perché col management ci si confrontano: da chi lo osserva dal basso a chi lo studia entomologicamente dall'esterno.

La funzione manageriale

Innanzitutto c'è un dato che non può essere taciuto: il management è una funzione centrale dell'economia moderna. Migliaia di manager in tutto il mondo decidono come impiegare capitali esorbitanti e insieme con ciò decidono dei piani di carriera, di sviluppo e di soddisfazione di centinaia di migliaia di collaboratori e futuri manager.

Sappiamo bene che il lavoro del manager impatta sulla remunerazione degli azionisti e che a questo il manager viene continuamente e comprensibilmente sensibilizzato, nondimeno impatta sulla qualità della vita di tutti coloro che gli sono indispensabili per il conseguimento di quel fine: in pratica tutti i suoi colleghi. L'appiattimento delle gerarchie, la necessità di realizzare performance anche a livello comunicativo, i continui travasi funzionali, la metabolizzazione dei cambiamenti stanno imponendo senza sconti al manager la *responsabilità* delle sue azioni. Ciò che allora davvero si può fare è creare *consapevolezza* nella popolazione manageriale, affinché si capisca che vi è qualcosa nel proprio lavoro che precede l'acquisizione delle competenze specialistiche.

Cerchiamo di approfondire.

La consapevolezza

Ci sono tanti libri che contengono relazioni molto dettagliate sulle malversazioni delle corporation e in cui si citano fonti d'informazioni perfettamente verificabili. Questi testi, tuttavia, sono spesso resi sodali da una tesi: la prospettiva massimalista secondo la quale il capitalismo, col suo spirito di accumulo, sia una dottrina economica intrinsecamente perversa. In questa prospettiva i manager appaiono come inevitabili strumenti dei cosiddetti shareholder, i detentori del capitale versato, che li trattano come ostaggi sottoposti al ricatto professionale in cambio di un certo potere e una certa agiatezza. La lezione ha una sua plausibilità, ma una tesi così unilaterale finisce col manifestare una passività di fondo: oggi nessuna organizzazione possiede i mezzi per combattere il fenomeno alla radice, è molto più efficace invece partire da dove si può fare qualcosa, e cioè mettendo pressione e promuovendo una sensibilità sociale in quelle persone – i manager appunto – che degli shareholder costituiscono la virtù operativa, i fattori imprescindibili per mezzo dei quali i profitti si realizzano e si moltiplicano (a cominciare dalla scelta del modello di business da implementare e dal comparto di mercato in cui si vuole effettuare l'investimento).

Fino a che esisteranno le corporation e i manager che le gestiscono il lavoro deve diventare una questione di ecologia mentale, la responsabilità prima che *sociale* deve essere *personale*. Lo scarto si rivela nei *principi che orientano l'azione*: se i principi sono etici anche l'azione sarà etica, se i principi sono perversi allora l'azione sarà malvagia. Le crisi finanziarie che hanno martoriato la storia del capitalismo non derivano da una mancanza di capacità, ma dal cattivo uso che di quelle capacità si è fatto. Perché una volta saliti sul treno della corporation si smette di *sentire* (nel senso di *pathos* = sentimento) e ci si limita a pensare in termini di efficienza, si relativizza la causa finale e ci si costringe all'interno di coordinate problematiche. Senza un fermo e definitivo richiamo all'etica si corre il rischio di lasciare la briglia a un processo di risocializzazione che riscrive valori e regole, incredibilmente promosso dalla collaborazione attiva dei manager stessi, che sfoggiano le loro cariche al pari del marchio della Bestia, senza il quale non è possibile «né vendere né comprare» (*Apocalisse*, 13.17).

Come agire? Si tratta innanzitutto di compiere un'operazione di *reframing*, di reincorniciare una situazione secondo una precisa prospettiva: *spogliare il manager del personaggio e recuperare la persona*. Bisogna ridare calore a un ruolo, chiarendo per prima cosa che gli obiettivi aziendali non sono tutti gli obiettivi di una persona e la convivenza dei due aspetti non può essere demandata solo all'abilità di qualche formatore persuasivo: fino a prova contraria, è il manager stesso che ha scelto di fare il manager, i suoi mal di pancia sono una *sua* responsabilità, la sua serenità è una *sua* responsabilità, così come lo sono i mal di pancia e la serenità di chi *dipende* da lui. Dietro ogni manager e ogni collaboratore c'è un essere umano: sintesi di valori, esperienze, emozioni, eredità biologica. In accezione antropologica questa sintesi si chiama *cultura*.

La prima domanda è: chi sono i manager di oggi? La mia attenzione si rivolge in particolare a quella generazione che sta per prendere in mano le leve del comando sia delle istituzioni economiche sia di quelle politiche, la generazione nata tra gli anni Sessanta e la prima metà degli anni Settanta.

La seconda domanda è: qual è stato l'humus culturale in cui questa generazione si è formata? Per rispondere bisogna indagare in retrospettiva gli anni Ottanta, perché è in quella decade che i nostri manager hanno speso la loro adolescenza e la loro gioventù. Siccome di quella generazione faccio parte anch'io, mi sia concesso di parlare in prima persona, a scopo puramente esplicativo e niente affatto autobiografico, cercando di descrivere un comportamento medio e senza nulla togliere a chi si è scoperto responsabile molto prima del rockettaro impenitente che risponde al mio nome.

3. My Generation

La mia è stata la generazione dei *paninari*, stipata nei locali precursori di McDonald's, fan di Stallone, Schwarzenegger, spettatrice di *Doppio slalom*, di *Dallas*, di *Hazzard* e di *Drive in*. La prima generazione letteralmente presa in ostaggio dalla moda, che per la prima volta non veniva associata a un contenuto di pensiero, a una *way of life*. Con gli anni Ottanta l'industria che ne veicolava i prodotti aveva capito com'era facile attecchire su tante piccole personalità in via di strutturazione, compiendo il miracolo di trasformare il giovane nel primo animale da consumo e mettendo a nudo il potere di condizionamento del mercato.

Sembravamo sbucati dal nulla – la prima generazione priva di memoria e inibita nel pensare in grande. Inondati da un senso di precarietà esistenziale motivato dall'assenza di legami col passato e un orizzonte monodirezionale centrato su una realizzazione personale tutt'altro che chiara nei contenuti, ma sicuramente priva degli afflati del collettivo. Eravamo completamente impermeabili a tutto ciò che potesse rappresentare un *impegno*: "nichilisti buoni" e inconsapevoli, rifluiti nel privato. Non avevamo sogni nel cassetto né utopie da coltivare, casomai ci interessava girare il mondo (il mitico InterRail!) per trarne brividi ed esperienze e surrogare così un sistema di valori che stentavamo a trovare.

Una generazione difficile da inquadrare, perché all'omologazione dei costumi faceva da contrasto l'esigenza di guardarsi dentro e di scoprire la propria unicità. A differenza delle generazioni precedenti, non ci curavamo dell'etica, della politica, dei problemi delle masse: l'interesse suscitato dalla caduta del muro di Berlino, ad esempio, fu motivato più dal risalto mediatico dell'evento che non dalla consapevolezza di ciò che il muro storicamente aveva rappresentato.

La scuola non assolveva la sua funzione di integrazione sociale e civica perché i professori restavano ancorati a schemi di gestione convenzionali: non capivano che per la prima volta l'individuo si era liberato del gruppo. La mia è stata la prima generazione compiutamente individualista: tutti ragazzi che, sotto l'uniformità dei giubbotti Moncler e delle scarpe Timberland, celavano esigenze diverse e un bisogno di comunicazione *personale*, con piccoli dolori e pudori ritenuti un patrimonio innanzitutto privato. Facevamo tutti la stessa domanda, ma ognuno pretendeva la *sua* risposta.

Il modello familiare cominciava a entrare in crisi: al miglioramento delle condizioni economiche (la generazione degli anni Ottanta è cresciuta fin dalla nascita sotto gli auspici del boom economico) difettava spesso la capacità di ascolto dei genitori, persone che durante l'infanzia avevano visto la guerra o ne avevano subìto gli echi e si erano costruite un futuro fondato sulla fatica della speranza, ma che si ostinavano a interpretare il comportamento dei figli in base a esigenze, aspettative e valori che erano stati i loro ma che inesorabilmente appartenevano al passato.

Il mondo cominciava ad andare veloce, a cambiare il suo ritmo. C'era un gran movimento. Tutti sembravano avere molte cose da fare, ma in questo bailamme – dall'attentato al papa al crollo del blocco comunista, passando per Chernobyl e le guerre di mafia – i giovani sembravano zavorre, pacchi postali senza mittente né destinatario, spettatori talvolta costretti a ostentare compiacenza, ma quasi mai realmente coinvolti.

Le istituzioni segnavano il passo. Erano gli anni dell'edonismo reaganiano e del thatcherismo, ma per noi italiani erano soprattutto gli anni della "Milano da bere", degli yuppies, dei soldi che giravano facili e di un modello dell'uomo di successo fondato sulla moltiplicazione del profitto. La confusione valoriale, la mancanza di modelli forti di riferimento, la separazione "culturale" della politica dall'economia favorirono la diffusione di una mentalità egoistica e utilitarista che rischiava di minare alla radice le relazioni tra le persone, rendendole conflittuali e competitive, nel nome di un guadagno veloce da ostentare in modo triviale.

Musica e società

Un valido baluardo al rampantismo fu offerto dalla musica, che negli anni Ottanta non fu solo disco-dance e videoclip, ma seppe anche promuovere temi vicini alla sensibilità dei giovani, rinnovando il linguaggio dei cantautori. La generazione degli anni Ottanta venne salutata da *Amico* di Renato Zero (1980):

> Amico è bello, amico è tutto, è l'eternità
> è quello che non passa, mentre tutto va.

Un messaggio semplice e diretto, sorretto da un presagio esistenziale:

> Il più fico, amico, è chi resisterà
> chi resisterà
> chi di noi, chi di noi resisterà!

Per rinnovarsi due anni dopo con la forza espressiva di *Avrai* di Claudio Baglioni (1982) – scritta in occasione della nascita del figlio Giovanni –, una collezione di immagini spalmate su un muro come un graffito epocale, con quella «triste speranza» che l'autore consegna ai fan come viatico d'amore:

Avrai una donna acerba e un giovane dolore,
viali di foglie in fiamme ad incendiarti il cuore,
avrai una sedia per posarti e ore
vuote come uova di cioccolata
ed un amico che ti avrà deluso, tradito ingannato...

E più in là:

Avrai discorsi chiusi dentro e mani
che frugano le tasche della vita...

Il bisogno di trovare un senso e un punto di riferimento erano invece suggeriti da Franco Battiato e dal suo album *La voce del padrone* (1981). In quella che forse è la sua canzone più famosa, *Centro di gravità permanente*, canta:

Cerco un centro di gravità permanente
che non mi faccia mai cambiare idea sulle cose, sulla gente.

Mentre in *Bandiera bianca*, tratta dallo stesso album, dava sfogo a una forma surreale di nichilismo, intellettualizzando la crisi dei riferimenti culturali:

Siamo figli delle stelle e pronipoti di sua maestà il denaro
/ ... /
A Beethoven e Sinatra preferisco l'insalata
a Vivaldi l'uva passa che mi da più calorie.

Chi invece non aveva tempo di sottilizzare e voleva parlare e pensare chiaro trovava il suo specchio in Vasco Rossi e nella sua

Generazione di sconvolti
che non han più santi né eroi

con una canzone, *Siamo solo noi*, pubblicata nel 1981, ma che divenne un inno generazionale a partire dal 1984, con la definitiva affermazione dell'artista e della sua prova live *Va bene, va bene così*.

Sul fronte internazionale invece ci si poteva rifare a un film del 1980, *The Blues Brothers*, che, grazie alle sconclusionate gag di John Belushi e Dan Aykroyd «in missione per conto di Dio», rappresentava un modo divertente per apprendere l'enciclopedia del rhythm and blues e della migliore musica nera.

Musica e coscienza

Sintetizzando, negli anni Ottanta la musica popolare (quella di buon gusto e autorale) ha giocato un ruolo importante nel descrivere in tempo reale il disagio di una generazione che aveva tutto ma non possedeva niente, che vantava tante possibilità ma non sapeva quale giocarsi. Il rock e la musica d'autore hanno saputo trovare le chiavi per incidere nel vissuto dei ragazzi sostituendosi a scuola, famiglia, religione, politica, non perché fossero più evoluti concettualmente, ma perché hanno saputo mostrarsi più credibili e attenti sul piano della comunicazione, finendo così per contribuire alla determinazione di una coscienza civile e di una responsabilità personale e sociale che dovrebbe riflettere ciò che siamo oggi (manager compresi) e si trova alla base di una molteplicità di comportamenti virtuosi.

In quegli anni i giovani assistevano impotenti all'avanzata travolgente di un modello di comportamento basato sulla *competizione*, esasperazione dell'individualismo liberal-liberista come reazione alla precedente massificazione comunitaria. Un modello verso il quale, però, più che attratti si sentivano trascinati. Ebbene, il rock insegnava loro la *cooperazione*, senza utopie e leggiadrie bucoliche: con i fatti.

Prendiamo il caso del *Live Aid*, la manifestazione musicale organizzata da Bob Geldof e Midge Ure il 13 luglio 1985, contemporaneamente a Londra e Philadelphia, per sostenere la popolazione etiope colpita da carestia. Un evento mediatico senza pari (si stima che fu seguito in tutto il mondo da più di un miliardo di spettatori) che non solo ci raccontò la fame nel mondo, ma ce la fece *vivere*. Ed è impressionante come ancora oggi, quando si ascoltano per radio le note di *Do They Know It's Christmas?* e di *We Are the World*, nessuno osi cambiare sintonia, anzi si mette a cantare, perché tutti, anche chi non spiccicava una parola d'inglese, avevamo imparato quei testi.

Se nella seconda metà degli anni Sessanta i grandi raduni musicali si facevano *contro qualcosa* (Woodstock, Monterey, Altamont ecc.), quelli della seconda metà degli anni Ottanta si facevano *per qualcuno*. E li si seguiva con rispetto: dal *Farm Aid* americano promosso da Willie Nelson, Neil Young e John Cougar Millencamp su impulso di Bob Dylan per sostenere gli agricoltori statunitensi, al *Ferry Aid* britannico con riproposizione corale di *Let it Be* di Paul McCartney per aiutare le famiglie delle vittime di una tragedia del mare, fino al tour mondiale *Human Rights Now!* promosso da Peter Gabriel, Sting, Bruce Springsteen, Youssou N'dour e Tracy Chapman che valorizzò gli sforzi di Amnesty International contro la tortura e la pena di morte.

Questa lezione può essere recuperata in pieno nel mondo del lavoro perché, se è vero che il management deve essere competitivo verso l'esterno, verso l'interno ha molta più convenienza a essere cooperativo. Oggi nessuno può raggiungere i propri obiettivi professionali da solo, nessuno può possedere in tempo reale tutte le informazioni necessarie per prendere decisioni irrevocabili e la velocità d'esecuzione dei processi richiede sempre e comunque sforzi congiunti ben coordinati. Ciò che fa la differenza è l'energia di legame che il manager riesce a sprigionare dalle risorse che gestisce, e il rock, quanto a energia di legame, non è secondo a nessuno.

La musica popolare, facendo pace con le velleità rivoluzionarie, aveva dimostrato che, se non poteva cambiare il mondo, sicuramente era in grado di migliorare le persone.

Quanto a me, se sono quello che sono, a conti fatti credo di doverlo anche a quel ragazzo del New Jersey, ma di sangue italiano e irlandese, classe 1949, che ha nome Bruce Springsteen.

4. Born to Run

A differenza di molti coetanei, non conobbi Bruce Springsteen, detto il Boss, attraverso *DeeJay Television* e il videoclip di *Dancing in the Dark* (1984). Posso dire anzi che vissi come una specie di scippo la sua conflagrazione planetaria e la sua consacrazione, dopo Bob Dylan, a portavoce internazionale dell'America profonda.

Il primo ascolto

Bruce entrò nella mia vita qualche anno prima, quando mio fratello maggiore arrivò a casa con la copertina di *The River*, album doppio del 1980. Lì per lì non ci feci caso più di tanto e l'accolsi con la stessa prudenza con la quale tempo prima avevo ascoltato i Genesis, i Pink Floyd e Crosby, Stills, Nash & Young. Questa volta però accadde un fatto singolare: proprio quel pomeriggio la televisione passò un filmato in cui il Boss cantava la title track. Anni dopo scoprii che si trattava della prima volta in cui Bruce aveva cantato in pubblico *The River*, durante i concerti del raduno *No Nukes* organizzati dal MUSE (Musicians United for Safe Energy) contro l'energia nucleare (21 settembre 1979). Springsteen dedicava la nuova canzone alla sorella, la telecamera indugiava sui primi piani e lui sbatteva gli occhi continuamente come per difendersi da qualcosa che nella mia testa non poteva essere solo il pubblico o il flash delle macchine fotografiche. Credo che durante quell'esecuzione Bruce stesse parlando a se stesso.

Provai una sensazione assolutamente nuova, come se la vita che mi apprestavo a vivere mi si stesse tutta manifestando innanzi come in un moto di compresenze circolari. Tornai nella mia stanza, misi il disco sul piatto e penso che quel giorno finì la mia adolescenza. Perché quel ridondante tornare al fiume da parte di quella coppia infelice

> Anche se so che il fiume è asciutto

mi suggeriva il paradosso dell'esistenza e mi inoculava giorno per giorno il vaccino con cui avrei affrontato tutte le mie future mancanze di significato.

Cominciai a documentarmi sul personaggio, a cercare fan locali (all'epoca ne trovai pochi), ad acquistare gli altri suoi dischi. Successivamente realizzai che i primi sette album, pubblicati tra il 1973 e il 1984, non facevano che raccontare il percorso di crescita dello stesso ragazzo che attraverso rischi, euforie, fughe, illusioni e capitomboli imparava a diventare un uomo. Un lungo romanzo di formazione dal valore autobiografico quanto estensibile ad almeno un paio di generazioni. Testi nei quali ci si poteva specchiare, mentre la puntina pazientemente percorreva i solchi del vinile, incitando con la ritualità del suo moto regolare il cammino della nostra immaginazione.

Le canzoni di Springsteen, sorrette da una scrittura che Ennio Morricone definisce "cinematografica", raccontavano storie popolate di personaggi ed eventi descritti secondo una gamma di registri, dal lirico al tragico, in grado di travolgere chiunque. Una tavolozza impressionistica ricca di sfumature che, in particolare nei primi due album, mescolava vita di strada, visioni e allucinazioni. Ma la cosa che le rendeva uniche era il messaggio complessivo, il sostrato programmatico che si poteva evincere: per Springsteen il rock non era solo ribellione e men che meno distruzione, ma riscatto, rivincita, redenzione, possibilità laica di salvezza. Il rock, per quel ragazzo della provincia americana, rappresentava, ancor prima che un mezzo di espressione, un'àncora a cui aggrapparsi per

> Sputare sulla faccia di queste terre aride

(*Badlands*, 1978) e trovare il proprio posto nel mondo. Mi aveva convinto. Springsteen divenne al contempo il mio amico, il mio mentore, il mio fratellone, la mia forza.

Il disco che più mi influenzò fu *Born to Run* (1975), la prova del fuoco, il terzo album, quello che se non avesse avuto successo avrebbe condannato Bruce all'anonimato delle birrerie delle lande americane e che per sua e nostra fortuna, dopo una gestazione di un anno e mezzo, sbancò le classifiche statunitensi, procurandogli onori, le copertine di *Time* e *Newsweek*, un po' di ricchezza e il passaporto per l'Europa. Ogni canzone di quell'album raccontava una storia d'amicizia e d'amore, dominata dal tema della fuga verso un destino migliore, e metaforizzava il bisogno di libertà interiore, patrimonio ideale di ogni giovane attratto dal rock e pertanto messaggio di portata universale.

Thunder Road, che apre l'album, la dichiarazione d'amore più tenace e spericolata della storia del rock:

> Puoi nasconderti sotto le coperte e riflettere sui tuoi dolori,
> mettere una croce sui tuoi amanti, disperdere rose nella pioggia,
> sprecare la tua estate pregando invano
> che un salvatore si alzi da queste vie.
> Bene, ora io non sono un eroe, questo è noto,
> e l'unica redenzione che ti posso offrire è sotto questo sporco cofano.
> /…/
> Bene, la notte è tutta per noi: questa strada a due corsie ci porterà ovunque.

> Abbiamo un'ultima possibilità per realizzare questo,
> per scambiare queste ali con delle ruote.
> Salta su, il paradiso ci sta aspettando lungo la via

si conclude col verso:

> È una città piena di perdenti e me ne sto andando per vincere.

Born to Run recita:

> Questa città ti strappa le ossa dalla schiena,
> è una trappola mortale, è un invito al suicidio;
> dobbiamo uscirne finché siamo giovani,
> perché i vagabondi come noi, piccola, sono nati per correre.

per chiudersi con:

> Un giorno, ragazza, non so quando,
> arriveremo dove davvero vogliamo arrivare
> e cammineremo nel sole
> ma fino ad allora i vagabondi come noi, piccola, sono nati per correre.

Le Mary, le Terry, le Wendy di quelle canzoni ci sembrava di vederle – nostre amiche, amanti, complici – attraversare le notti d'estate livide di entusiasmo e gonfie di desiderio.

La maturità

Il 21 giugno 1985 fui tra i 65.000 italiani accorsi allo stadio di San Siro (non c'era ancora il terzo anello) a Milano per ascoltare il grande amico americano, per la prima volta in Italia. In un clima emotivo incredibile e irripetibile si consumò un rito che Springsteen stesso definì come uno dei concerti più intensi della sua vita. Quando la batteria, potente e riverberata, scandì insieme al suono sintetico delle tastiere il preludio a *Born in the USA* con quei primi terribili versi:

> Nato in una città di morti,
> il primo calcio l'ho preso appena ho toccato terra

e il finale

> Nessuna via di fuga, nessun posto dove andare

era chiaro che le promesse non erano state mantenute, i sogni infranti e i cuori spezzati. Ma andava bene lo stesso, l'importante era l'atto stesso di vivere in un certo modo: schiena dritta e cuore affamato.

Un anno dopo sostenni l'esame di maturità. Al termine della prova orale, quando fu chiaro che le cose erano andate per il verso giusto, fu proprio Springsteen a suggerirmi le parole per il mio congedo: mi avvicinai alla grande lavagna in fondo al corridoio centrale e riprodussi la celebre frase che apre *No Surrender* (1984):

> Abbiamo imparato di più da un disco di tre minuti
> di quanto abbiamo mai imparato a scuola.

Non era retorica né protagonismo, solo una convinzione che ancora adesso mi appartiene.

Oggi mi occupo di risorse umane e di formazione aziendale, una scelta professionale che forse inconsapevolmente cominciai a maturare allora, tra quei suoni e contro quei sepolcri. Poi la vita ha fatto il suo corso, con tutti i corollari di insoddisfazioni, cadute e risalite. Lo stesso Springsteen se n'è andato e ritornato più volte. Ma ancora oggi, quando ascolto i 2 minuti e 20 secondi dell'assolo di sax di *Jungleland* (1975), provo quella sensazione di camminare nella Terra Promessa, mano nella mano con la mia *baby*

Con una terra sconfinata nei miei occhi
e questi sogni romantici nella mia testa

(*No Surrender*) e mi viene voglia di regalare un sorriso, una speranza, una parola buona a chi mi sta intorno e, per ragioni anagrafiche, del rock non ha conosciuto che il rumore.

5. Rock management

Nel 2005 la Columbia ha messo in commercio un cofanetto commemorativo per il trentennale di *Born to Run*. Tra il materiale si trova il DVD *Wings for Wheels: The Making of Born to Run*, un documentario sulle registrazioni dello storico album. Spezzoni dell'epoca si alternano a nuove interviste ai protagonisti, e qui basta poco per accorgersi che ci troviamo di fronte a un compendio di teoria manageriale.

La strategia

La gestazione dell'album viene ripercorsa sia dal punto di vista tecnico (scrittura, arrangiamento, registrazione, distribuzione, comunicazione) sia dal punto di vista della programmazione strategica. Springsteen si comporta con molta lucidità. Per prima cosa la vision:

> Eravamo in studio ogni giorno, cercando di realizzare il più grande disco mai esistito. Volevamo che diventasse qualcosa che la gente non avrebbe mai dimenticato

ricorda il co-producer Jon Landau. Poi l'obiettivo della coerenza e dell'unità tematica:

> *Born to Run* può essere visto in parte come la storia di persone che lottano per crescere, per essere indipendenti, per scoprire il vero significato della vita,

spiega ancora Landau. Lo stesso Bruce racconta:

> Tutti in *Born to Run* cercano di uscire fuori. Devo uscire. Sto cercando di uscire. Sto cercando di liberarmi. *Thunder Road*: il tentativo di liberarsi. *Tenth Avenue Freeze-Out*: il tentativo di uscire. *Backstreets*: qualcuno è fuori, qualcuno è rimasto indietro. *Born to Run*: sto cercando di uscire. Tutto è pervaso dalla tensione di qualcuno che sta lottando per trovare un altro posto. Questo era il contenuto del disco *Born to Run*.

L'altro tema chiave dell'album è l'amicizia:

> È un disco sull'amicizia e questo si vede dalla copertina. *Backstreets* non parla d'altro.

Qui si capisce come la dichiarazione d'intenti sia già preparata dal packaging, non a caso uno dei più famosi della storia del rock: Springsteen, chiodo nero e Fender a tracolla, si appoggia sorridendo alla spalla del suo grande amico Clarence "Big Man" Clemons, il sassofonista nero protagonista di tanti siparietti live e citato nel testo di *Tenth Avenue Freeze-Out*, che imbocca il suo strumento mentre scarta leggermente l'obiettivo con lo sguardo.

Una volta chiarita la sostanza, Springsteen si preoccupa della forma con una mania di perfezionismo che fa onore ai suoi primi 25 anni. Le registrazioni si susseguono infinite volte per cambiare anche una sola nota, e presto Bruce si scontra con una serie di tensioni psicologiche e di indecisioni legate alla possibilità che si stava giocando (o la gloria o l'abisso: la casa discografica era già stata fin troppo generosa e non gli avrebbe dato un'altra possibilità) che lo mettono a confronto coi suoi demoni personali. Il protrarsi delle session in studio mette in difficoltà la casa discografica che preme per far uscire il prodotto, ma Bruce non vuole sentire ragioni:

> La data della pubblicazione riguarda un solo giorno. Il disco è per sempre

riporta Dave Marsh nella sua classica autobiografia sul rocker del New Jersey, commentando che «Springsteen era in viaggio verso la perfezione».

La tattica

Come reagisce il Boss? Non si vergogna di chiedere aiuto. Prima sostituisce i dimissionari Ernest "Boom" Carter e David Sancious, rispettivamente alla batteria e al pianoforte, con Max Weinberg e Roy Bittan (due musicisti più adatti per colorare di rock la produzione del Boss, meno jazzy e soul dei loro predecessori), poi coinvolge per alcuni arrangiamenti il vecchio amico Steve Van Zandt (che diventerà il chitarrista della E Street Band), poi ancora assolda nella produzione Jon Landau (il critico musicale del *Rolling Stone* che tempo prima l'aveva salutato come «il futuro del rock'n'roll») che affianca a Mike Appel e col quale inaugura un sodalizio che, seppur in maniera non continuativa, è tuttora in corso. Bruce spalanca le finestre e fa entrare aria nuova, non cerca di trattenere chi vede altri orizzonti, non commette l'errore – così frequente nelle aziende – di rilanciare un'offerta in modo indiscriminato per il semplice e malcelato orgoglio di chi non vuole essere abbandonato. Indaga freddamente i motivi per cui il personale manifesta interesse per altre scelte professionali e non negozia il cambiamento d'idea. Perché sa che col tempo l'imbonimento coatto si rivelerebbe un boomerang scagliato contro il successo del progetto iniziale.

Il capo è lui, il responsabile è lui, gli ordini li dà lui, perché lui è il Boss, ma riconosce il ruolo che altri professionisti possono giocare nell'arricchire il suo punto di vista (compresa l'opportunità di riceverne un altro), nonché il ruolo che l'amicizia può avere sul lavoro:

> Quando sei giovane e non c'è nessun altro, hai bisogno di un amico. Di qualcuno che ti dica: "La sai una cosa? Sei il migliore. E io e te non molleremo finché non avremo raggiunto il traguardo".

Se i ruoli sono definiti, se sei una persona corretta e chi lavora con te anche, lo scambio emozionale non annienta la produttività, la moltiplica. Sul lavoro l'amicizia è spesso una conseguenza della stima professionale per un collega, e dove c'è stima c'è rispetto: questi fattori generano spontaneamente un meccanismo virtuoso che si alimenta della condivisione di uno scopo comune.

La produzione

Wings for Wheels presta molta attenzione alla figura del produttore musicale. L'analisi caratteriale e metodologica di Mike Appel e Jon Landau mette in evidenza come questo ruolo sia molto condizionante ai fini del risultato finale. Il produttore è un po' come il consulente di direzione: per dare i consigli giusti deve fotografare la situazione e soprattutto cogliere il feeling. Per Mike Appel la E Street Band sta semplicemente facendo un disco, per Jon Landau è più una questione di ascolto sottile. Il primo è uno *specialist*, tutto centrato sul fatto musicale, il secondo mette in relazione i brani con un sacco di variabili, a partire dalle aspettative e dalla personalità di chi quelle canzoni le aveva composte e di chi poi le doveva suonare. Così Springsteen:

> Johnny [...] mostrò molto interesse per quello che stavo facendo, capì subito cosa stavo facendo e cosa stavo cercando di fare, sentiva lo stesso nel profondo della sua anima. Sembrava che la mia musica l'avesse in qualche modo toccato. Questa cosa fu importante perché cementò la nostra fiducia.

Questo è il fattore X, il comportamento che fa la differenza: Jon non parte dal prodotto, ma dalla vision del leader. Gli fa da coach e lo aiuta socraticamente a realizzare i suoi obiettivi, focalizzandolo sugli aspetti abilitanti. Per sua stessa ammissione Bruce non è interessato a creare un ambiente troppo verticistico, perché:

> ... era un gruppo di persone piuttosto singolare e ognuno stava trovando la propria strada nel suo lavoro. Non volevo mettere un limite ai miei talenti, non sapevo dove mi avrebbero portato. Allora m'interessava sapere solo di possedere delle abilità [...] Anche se non sapevo quali fossero, sapevo che c'erano...

Jon agisce da facilitatore e aiuta Bruce a capitalizzare il contributo di ognuno: integra senza imposizioni le percezioni del band leader e lascia che sia quest'ultimo a prendere la decisione finale sulle introduzioni, le code, le parti solistiche, l'equilibrio tra gli strumenti, non prima però di avergli aperto qualche finestra rivelatrice. Può farlo perché si è guadagnato la sua fiducia.

Ma il ruolo del produttore musicale non si limita a insegnare al manager le funzioni del coach e del facilitatore. Uno sguardo ai grandi della discografia renderà bene l'idea.

Bruce Springsteen firmò per la Columbia Records, il 9 giugno 1972, per opera di John Hammond, il più grande scopritore di talenti del Novecento. Così lo descrive Bob Dylan, un'altra delle promesse individuate da Hammond, in *Chronicles. Volume 1*, la sua autobiografia:

> Hammond era interamente dedito alla musica. Parlava in fretta, conciso, con frasi brevi, e non aveva pazienza. Usava il mio stesso linguaggio, sapeva tutto della musica che gli piaceva e di

> tutti gli artisti che aveva registrato. Diceva quello che pensava, pensava quello che diceva, e lo diceva a ragion veduta [...] Per Hammond, che apparteneva alla vera aristocrazia americana, le tendenze del mercato o i mutamenti nei gusti musicali non significavano un bel niente [...] Adesso mi stava portando alla Columbia, il centro del labirinto. Le etichette folk mi avevano rifiutato.

Un breve ritratto che mette in chiaro le doti del talent scout: l'amore per il decisionismo e il rischio assunti non come componenti problematiche del proprio lavoro, ma come mission. A ciò si aggiungano una grande conoscenza della materia, la capacità di anticipare le tendenze e di tirare dritto per la propria strada, tutte doti altamente apprezzabili anche in un buon manager d'azienda. Solo grazie all'esercizio di queste doti fu possibile a Hammond scoprire o imprimere una direzione vincente alle carriere di persone artisticamente piuttosto lontane tra loro, come Bessie Smith, Count Basie, Billie Holiday, Areta Franklin, George Benson, Bob Dylan, Leonard Cohen, Stevie Ray Vaughan e naturalmente Bruce Springsteen.

Ci sono poi figure di produttori-imprenditori come Sam Phillips, Leonard Chess e Ahmet Ertegün, rispettivamente fondatori delle case discografiche Sun Records, Chess Records e Atlantic Records, che oltre alla capacità di scoprire talenti seppero svolgere un vero e proprio ruolo di mediatori culturali nel catturare l'energia primitiva di alcuni grandi frontman della musica e renderla vendibile a un target progressivamente sempre più vasto senza "corromperla", cioè senza snaturarne i contenuti rivoluzionari.

A Sam Phillips si devono le prime straordinarie registrazioni di Elvis Presley, Jerry Lee Lewis e Johnny Cash; a Leonard Chess si devono l'elettrificazione del blues con Muddy Waters, Howlin' Wolf, Little Walter e, con Chuck Berry e Bo Diddley, niente di meno che l'ipoteca sulla nascita del rock'n'roll; ad Ahmet Ertegün (che era anche un valido autore) si devono la scoperta e la tutela della prima fase della carriera di Ray Charles, di capitale importanza per la diffusione del rhythm and blues. Le biografie di questi produttori testimoniano del paziente lavoro di tessitura di relazioni e di protezione dalla devastazione umana che seppero instaurare nei confronti di persone dal talento infinito, ma spesso sbandate e infelici quanto a provenienza familiare e situazione personale. In questi casi il produttore rivela per estremi al manager la duplice natura che dovrebbe contraddistinguere la sua professione: da un lato lo sguardo alla performance e quindi al mercato, dall'altro l'attenzione alle condizioni necessarie per realizzare la performance e quindi la costante opera di prendersi-cura (letteralmente *pre-occuparsi*) dei propri uomini.

Se queste figure si sono rivelate determinanti sul piano del mentoring e dell'orientamento, ve ne sono altre che insegnano al manager l'importanza della capacità di interpretare le situazioni critiche per trasformarle in punti di forza. Quanto più un produttore è sensibile e a suo agio nel passare dall'analisi alla sintesi, tanto più saprà adattarsi al contesto, cogliere lo spirito del momento, vedendo quello che l'artista stesso non riesce a vedere. Sono questi i casi di Daniel Lanois e di Rick Rubin.

Il primo, insieme con Brian Eno, aiutò gli U2 (*The Unforgettable Fire*, 1984) ad affrancarsi definitivamente dall'eredità del punk rock e a trovare il suono che diventerà il loro marchio di fabbrica, differenziandoli dalla produzione corrente e vestendo il materiale melodico con soluzioni originali che hanno fatto scuola. Qualche hanno dopo, producendo *Oh Mercy* (1989), tirò fuori Bob Dylan da una confusione creativa che lo attanagliava in modo angoscioso. Il contributo di Lanois è stato così determinante che nella sua autobiografia Dylan gli dedicherà circa quaranta pagine: con Lanois Bob Dylan ha inaugurato una fase artistica – un nuovo modo di porgere la voce sia nella scelta dei registri, sia nell'uso dei tempi, sia nel rapporto con gli altri strumenti – che lo contraddistingue tuttora, mantenendo prolifica e qualitativamente notevole la vena compositiva.

Rick Rubin invece, storicamente associato ai generi hip-hop

e metal, stupì l'ambiente a partire dal 1994, producendo gli ultimi acclamatissimi album dell'ultrasessantenne Johnny Cash, l'icona della musica country che tanti avevano dato per finita. In questi album Cash affianca riletture di classici del repertorio tradizionale americano a personalissime versioni di recenti hit di estrazione decisamente lontana dalla sua (U2, Depeche Mode, Nine Inch Nails ecc.), dimostrando l'universalità del linguaggio musicale. La lezione di Rubin è centrale per la classe manageriale: in un mercato del lavoro dove al primo errore ti danno per spacciato, vecchio o fuori quota, Rubin dimostra come sia sempre possibile ottenere il meglio dalle persone a patto che si sappia valorizzare la loro cifra personale e accompagnarla nell'adattamento alle mutevoli circostanze. Il risultato sarà un contributo peculiare e prezioso in grado di fornire un tipo di valore non surrogabile: si tratta però di metterci la faccia e di condividere una responsabilità.

In definitiva, cosa fa il produttore musicale?

Non inventa nulla, ma guarda la realtà con occhi diversi e interviene su di essa agendo in tre direzioni: il materiale artistico da plasmare, le risorse a disposizione, il pubblico destinatario del prodotto. Questo potere di trasformazione è lo stesso che può esercitare un manager quando viene preposto a un incarico: il risultato finale è sempre una questione di personalità. Il produttore rock, in particolare, eccelle nel suo lavoro quanto più riesce a evocare negli ascoltatori la sensazione di *libertà attraverso l'ordine*: questo stesso obiettivo deve guidare un manager d'azienda nel creare un ambiente di lavoro dove i talenti e le energie possano coordinatamente esplodere.

Le radici

L'artista ha gli occhi per aria ma i piedi per terra. Spiega Springsteen in *Wings for Wheels*:

> Bisogna saper fare le proprie mosse. Se conosci il gioco potrai proteggerti e sarai in grado di difendere e proteggere il tuo lavoro, la tua arte, il tuo spirito, la tua anima, la tua band. Ma devi essere più che pronto a difendere tutte queste cose.

Fino al congedo che suona come un monito per tutti quelli che hanno avuto la carriera facile e veloce:

> Molta gente che mi ha preceduto si è persa nel momento in cui si è staccata dalle sue radici. Volevo scrivere del posto da dove venivo e rimasi su quei binari, il che mi permise di rimanere lucido e vitale e mi diede la piena sensazione della mia identità.

Il ragazzo delle periferie newyorkesi non dimentica da dove è venuto, addirittura lo traduce in poesia e ne fa un punto di forza. Springsteen non si appiccica addosso una cultura che non ha, non adotta comportamenti o frequentazioni consoni al nuovo status. Resta quello che è. Si sposa con una modella di Versace? Divorzia, si risposa con una corista e ci fa tre figli. Conservare l'autenticità è per lui una forma di vittoria.

C'è un altro aspetto legato alle radici dell'artista che merita di essere approfondito a uso dei manager, ed è l'esibizione dei modelli di riferimento. *Thunder Road*, ad esempio, prende il titolo da un film con Robert Mitchum del 1958 (titolo italiano *Il contrabbandiere*). *Nebraska* è ispirata a *La rabbia giovane*, film di Terrence Malick del 1973, e al tremendo verso di *Folsom Prison Blues* di Johnny Cash (1957):

> Ho sparato a un uomo a Reno solo per vederlo morire.

The Ghost of Tom Joad (1995) arriva dritta dal libro *Furore* di John Steinbeck per il tramite dell'omonima trasposizione cinematografica di John Ford (1940) e di una ballata di Woody Guthrie (sempre del 1940). *The River* (1980), su specifica indicazione dello stesso Bruce rimanda a *My Bucket's Got a Hole in It* di Hank Williams (1949). *Drive All Night* (1980) riprende l'andamento melodico-armonico di *Madame George* di Van Morrison (1968). *Better Days* (1992) ricorda nell'intenzione musicale *Tumbling Dice* dei Rolling Stones (1972), e la lista potrebbe continuare.

Qui abbiamo a che fare con l'esigenza di inserirsi in una tradizione per garantire una continuità. L'artista cesella le sue opere seguendo il motto petrarchesco dell'Accademia della Crusca: «Cogliendo e scegliendo fior da fiore». Non c'entra niente la volgare nozione di plagio: basta volgersi alla tradizione classica per rendersi conto che in Mozart si sente Haydn, in Beethoven si sente Mozart, in Brahms si sente Beethoven e così via. L'artista muove dalla conoscenza e dalla padronanza della sua cultura di riferimento e spinge per superarla, compiendo una paziente opera di aggiornamento che non rinnega il passato, anzi lo illumina e lo feconda. Famoso in questo senso è il discorso che Springsteen tenne nel 1987 in occasione dell'ingresso di Roy Orbison nella Rock and Roll Hall of Fame. Bruce ricorda i tempi delle registrazioni di *Born to Run* e racconta:

> Quando andai in studio per registrare l'album *Born to Run* cercavo di fare un disco con le parole di Bob Dylan e che suonasse come un lavoro di Phil Spector. Ma più di tutto cercavo di cantare come Roy Orbison. Ora tutti sanno che nessuno può cantare come Roy Orbison.

Il manager dovrebbe agire allo stesso modo: chi vuole emergere deve darsi dei modelli illustri, dimostrando interesse non solo per le realizzazioni concrete quanto per l'atteggiamento che i grandi manager hanno rivelato di fronte ai momenti cruciali, al loro modo di prendere decisioni, di scegliere i collaboratori, di raccontare la vision, tradurla in progetto e renderla operativa. La costruzione di un'azienda di successo non è diversa dalla creazione di un capolavoro artistico: vi si ritrovano il vaglio delle alternative, i cambi di rotta, la passione frustrata, ma anche la stessa cura per i dettagli, l'esigenza di darsi una fisionomia facilmente riconoscibile (il brand) e la chiarezza dell'obiettivo finale. Le biografie dei grandi imprenditori, depurate dagli asserti agiografici, possono essere istruttive e sorprendenti perché spesso evidenziano esempi di umiltà, grandi vacillamenti interiori e una consapevolezza psicologica di fronte alla necessità di rischiare che già da soli qualificano la bontà dei risultati. Avere dei modelli e approfondirli per un manager significa cogliere altre fonti di ispirazione, altre storie su cui riflettere e abbracciare un orizzonte storico e culturale più ampio che lo rendono più determinato e sicuro dei propri mezzi.

La leadership

C'è un altro tema manageriale che trae giovamento dall'esempio springsteeniano: la *leadership*. Quell'ometto minuto e gracile (i muscoli di *Born in the USA* furono solo una parentesi, concessione alla moda del momento) che si presentò all'Hammersmith Odeon di Londra nel 1975, nascosto da un cappellaccio di lana e coi jeans fuori misura, è sempre stato chiamato "The Boss". Qui siamo di fronte al caso da manuale in cui leader ti fanno gli altri: perché in te vedono quello che loro vorrebbero essere, perché tu sei migliore degli altri, hai più talento (scrivi meglio, canti meglio, suoni meglio), hai più energia, più convinzione. Questo si chiama *carisma*: se lo possiedi, se lo alleni nell'arena della vita, da qualche parte arriverai. Springsteen un corso per camminare sui carboni ardenti non l'ha mai fatto. Lui sulle strade di fuoco c'è cresciuto, arrancando dietro il puzzo dei gas di scarico di chi poteva permettersi più di lui, mangiando la polvere dei tradimenti e dell'indifferenza.

Se non vi siete mai sentiti soli, se non vi siete mai fatti prestare dei soldi per comprarvi qualcosa di cui avevate bisogno, se non siete mai stati costretti a chiedere scusa anche quando avevate ragione, lasciate perdere: non sarete mai dei leader.

Non si diventa leader per imitazione, a suon di letture, di comportamenti studiati, di metafore sportive. Si diventa leader solo affermando i propri valori contro tutto e tutti, godendo dei rischi e imparando dagli errori. Chiedetelo a John Lennon, a Bob Dylan, a Joe Strummer.

Al carisma poi si devono affiancare, oltre alle *core competence*, la disciplina e la sensibilità. Springsteen ha sempre dimostrato una grande intelligenza sistemica nel circondarsi di coloro che hanno costituito la mitica E Street Band. La forza di quei musicisti sta nella reciprocità. Sono davvero affiatati "come un sol uomo". Basta vederli dal vivo: anche chi non è esperto del genere capisce di trovarsi di fronte a qualcosa di unico e si porta a casa quel particolare feeling, il riflesso della loro simbiosi. Tutti i membri della band sono ugualmente amati dai fan che non vogliono distinguere tra chi è più bravo e chi meno. Questo accade perché è manifesta la consapevolezza che proprio nel gruppo sta il valore aggiunto del singolo e non viceversa. Con la E Street Band si realizza l'assioma che "il tutto è più della somma delle parti". Springsteen ci ha anche provato a farne a meno (sia nelle registrazioni, sia nei concerti), ma poi è tornato sui suoi passi, perché l'impatto col pubblico gli ha insegnato che alla fine anche la miglior testa e il miglior sistema nervoso centrale non sono niente senza *quel* cuore pulsante e *quelle* membra agili e affiatate.

Un'altra lezione di leadership ci viene dal talento di Springsteen per la comunicazione. Se i suoi testi giovanili si apprezzano per la capacità di creare un'identificazione tra le scorribande dei giovani ribelli dal cuore pulito, protagonisti assoluti delle sue canzoni, e gli ascoltatori che volano di fantasia, risucchiati da quelle strade secondarie, quei motori sferraglianti e quegli amori impossibili, nell'età matura Springsteen sa che il suo pubblico ha bisogno d'altro. Così sceglie di puntare dritto al cuore della nazione, cercando di diventare il catalizzatore di un sentimento comune che travalica l'urgenza dell'emozione e media con la ragione alla ricerca di una possibilità di convivenza attraverso una civiltà da passare in candeggina. È quanto accade con *The Rising*, album pubblicato nel 2002, in gran parte centrato sul tema della tragedia delle Twin Towers: i testi di quell'album personificano l'America che riflette su se stessa. Springsteen, novello Walt Withman, diventa *il* poeta americano: ogni infinitesima tragedia privata diventa specchio per gli Stati Uniti che a loro volta si trasformano in un unico grande corpo che soffre, sanguina, ma non si dà per vinto.

Il messaggio è chiaro: la resurrezione è possibile, ma deve partire dal cuore, dalla tradizione, dalla fiducia reciproca. Con *The Rising* Springsteen riesce a sintetizzare in modo accessibile la voce della nazione, che torna a essere comunità come ai giorni dell'indipendenza e trova la forza di superare lo shock, forse esasperando lo spirito nazionalistico, ma anche, e per la prima volta dai tempi del Vietnam, di farsi un esame di coscienza. Il riconoscimento ufficiale avverrà nel dicembre del 2009, quando Barack Obama, nel conferire a Springsteen un'onorificenza per meriti artistici al Kennedy Center relativi alla divulgazione della cultura americana, parlerà a braccio per tre minuti, citando a memoria titoli e frasi delle sue canzoni e concludendo: «Io sono il Presidente, ma lui è il Boss».

Questa virtù comunicativa può essere accolta pienamente dai manager: i grandi leader d'azienda sono quelli che sanno descrivere la realtà, anche disperata, per quello che è, ma allo stesso tempo sanno muovere gli occhi di chi ascolta verso una direzione che giorno dopo giorno sostituisce le nebbie polverose della crisi con una speranza di luce sempre più intensa. È significativo che nel marzo 2010 Sergio Marchionne, amministratore delegato della FIAT, azienda che detiene una cospicua fetta del pacchetto azionario dell'americana Chrysler, nel parlare al forum dei concessionari d'auto degli Stati Uniti, abbia citato proprio Springsteen e la sua *Thunder Road* con il verso «Abbiamo una sola ultima occasione per realizzare tutto ciò» per sostenere il suo messaggio sulla necessità di cambiamento e di ripresa nel settore automobilistico.

La nobile premessa di *The Rising* è utile ai manager anche sotto il profilo operativo. Springsteen vuole arrivare a tutti, non si pone più come in passato un target di riferimento segmentato (giovani inquieti, eroi misconosciuti della classe operaia, reduci di guerra, diseredati, amanti sconfitti dall'amore ecc.): il suo pubblico è il mondo. Allora ecco che compie una ricerca sul veicolo della comunicazione – che per un musicista vuol dire stile compositivo – che lo porta a esplorare territori per lui meno consueti come il blues e il gospel o, sul piano degli arrangiamenti, strizzare l'occhio a sonorità extraoccidentali. Da qui i manager preposti al confezionamento delle strategie ricavano che, quando in azienda si decidono la diversificazione o il riposizionamento del brand, l'operazione funziona solo nella misura in cui i vettori della comunicazione sono coerenti e allineati alla nuova vision. Di più, devono essere coordinati nell'avanzare all'unisono, per spandersi come un'onda sonora che, passando attraverso gli ostacoli, potrà forse arrivare depotenziata, ma non per questo meno compatta.

La metafora della rock band

La differenza tra una rock band qualsiasi e una grande rock band sta in questo: la prima assorbe la tua energia, la seconda la produce e te la cede. E Street Band, U2, Rolling Stones, AC/DC, Led Zeppelin, Deep Purple sono generatori d'energia, motori immobili di entusiasmo: ti fanno stare bene come e più di un mese ai Carabi. A livello metaforico, va detto che la rock band presenta molte più consonanze col mondo aziendale dell'orchestra sinfonica o del jazz ensemble. L'orchestra richiede misura, sensibilità e una bella dose di competenze hard, ma si muove lungo binari precisi, consolidati, previsti fin nei minimi dettagli (spartito, organico, durata, dinamica). L'imponderabile, il contingente non hanno asilo e ciò contravviene alle caratteristiche dei mercati attuali, che richiedono flessibilità, intuito, cambi di programma, di ritmo, di modalità e tonalità espressive.

Il gruppo jazz fonde le competenze tecniche col talento improvvisativo, ma, anche se propone il rispetto e la valorizzazione delle specificità, riflette una realtà troppo destrutturata per rappresentare un'azienda. I migliori jazz ensemble sono più simili a una task force che a una compagine manageriale stabile: solisti di eccezione si danno il cambio per realizzare una soluzione esteticamente perfetta ma liquida, che coglie solo quel particolare attimo. Questa mercurialità, questo trasformismo delle occasioni procacciano un ascolto avido ma elitista, che aspetta di essere scoperto, vuole essere cercato. Siamo vicini alla consulenza di direzione, all'agenzia di comunicazione, allo studio di progettazione più che a una realtà aziendale fatta di rimandi incrociati, organigrammi complessi, riporti gerarchici e funzionali qual è la corporation.

La rock band si colloca a metà strada tra i due estremi. A livelli elevati produce solide competenze che si fondono e si occultano grazie a una sensibilità che è una sensibilità d'insieme, e arriva come un pugno dritto allo stomaco a un pubblico vasto innanzitutto perché si pone il problema della comunicazione. A differenza dell'orchestra e del jazz ensamble, la rock band non è selettiva, non esclude, anzi si proietta verso l'esterno per arrivare a più gente possibile con un unico, compatto gesto artistico. E i suoi componenti sanno che ciò non è possibile se non c'è integrazione.

Il videoclip ufficiale della canzone *Born to Run* rende bene l'idea. Quando la E Street Band attacca il pezzo, le luci dello stadio illuminano a giorno il pubblico e si vede un'unica immensa massa umana ondeggiare a tempo e cantare. La sensazione è quella di essere tutti su un immenso palco, di essere tutti Bruce Springsteen, che non a caso durante i concerti arriva al punto di far "grattare" le corde della sua chitarra ai fan delle prime file così come in passato capitava che si mettesse di spalle e si lasciasse cadere all'indietro sicuro del sostegno dei fan (comportamento grottescamente scimmiottato nei team building aziendali col nome di "gioco della fiducia"). Un concerto rock, dal punto di vista della metafora aziendale, è marketing operativo allo stato puro.

Il recruiting

Anche il rock pullula di solisti d'eccezione. Non sono necessariamente i musicisti più virtuosi in senso assoluto, sono i musicisti che sanno capire meglio lo spirito del pezzo che stanno per suonare e sanno calibrare i loro interventi in rapporto alle esigenze espressive d'insieme. È il caso di tastieristi come Greg Phillinganes, di bassisti come Nathan East, di batteristi come Steve Gadd: trovate i loro nomi dappertutto e quello che ve li fa apprezzare di più è proprio la loro capacità di armonizzare la tecnica strumentale con il feeling del momento. Il medium di questa operazione non può che essere la personalità stessa del musicista e tutto questo ci riporta a qualcosa che sta prima del freddo rigore della competenza, segnatamente al modo che il musicista ha di concepire l'esperienza artistica, che a sua volta riflette il suo peculiare modo di porsi di fronte al lavoro.

La musica rock insegna molto a proposito di *recruiting*. Sostituire un bassista, un chitarrista, un pianista è un'operazione molto più delicata che sostituire un secondo violino in un'orchestra di musica classica. Prendiamo il caso dei chitarristi elettrici. Gruppi inglesi degli anni Sessanta come Yardbirds, Rolling Stones, John Mayall & The Blues Breakers cambiarono spesso il chitarrista, ogni volta imprimendo un'impronta sensibilmente diversa al loro corso artistico. Le audizioni possono susseguirsi per interi mesi perché, forse ancor più che nelle aziende, il neoassunto può condizionare l'insieme, fino a snaturare la percezione che si ha della band. E una selezione vincente non può fare a meno di una disamina oggettiva degli obiettivi che si vogliono realizzare con quell'assunzione, delle differenze culturali, del potenziale integrativo dei candidati. Il processo deve essere saldamente guidato da un'intelligenza ordinatrice, che deve essere abbastanza accorta da creare le condizioni affinché il prescelto possa esprimersi.

Ancora una volta il caso di *Born to Run* è emblematico. Bruce Springsteen voleva realizzare un album con un sound potente (sull'esempio del *wall of sound* di Phil Spector, celebre "ingegnere" degli studi di registrazione) e trovò un batterista potente. Basta ascoltare il disco e leggere i *credits*: nella sola canzone *Born to Run* il batterista è Ernest "Boom" Carter. Il suono e l'approccio tecnico sono decisamente diversi dal resto dell'album, dove a suonare è Max Weinberg. Dove Ernest è più sincopato, ovattato, arabescato, Max è più diretto, potente, in una parola: è più rock.

Per il pianoforte la legge è simile: in principio era David Sancious, grande sessionman dalle influenze soul e rhythm & blues; poi fu Roy Bittan, dal virtuosismo meno spettacolare e più classicheggiante, ma con un gusto potente per il controcanto melodico e l'assolo cantabile (è possibile apprezzarne la classe anche al di fuori della produzione di Springsteen, nell'ospitata che fece coi Dire Straits: è sua la coda di pianoforte che si ascolta durante l'assolo finale di *Tunnel of Love*, 1980). Se si considera come, per sua stessa ammissione, Springsteen avesse composto al pianoforte tutte le canzoni di *Born to Run* e a questo strumento avesse intenzione di dare grande risalto, risulterà comprensibile la meticolosità con cui le audizioni vennero condotte. La E Street Band visionò circa sessanta musicisti, suonando con ognuno per circa mezzora. A commento della scelta definitiva Bruce dice:

> Scegliemmo loro perché suonavano bene, ma anche perché possedevano le qualità che ci servivano e capivano il nostro linguaggio.

Ed è importante capire come Springsteen avesse le idee chiare fin dall'inizio. La Columbia non avrebbe avuto difficoltà a reperire impeccabili sessionman, ma lui non ne voleva sapere di musicisti semplicemente eccellenti, voleva qualcuno bravo nel condividere il *suo* suono. Dave Marsh riporta questa dichiarazione di Bruce:

> Io non assumo musicisti da studio. Io non voglio che suonino per me tizi con una bella casa. Metto semplicemente un annuncio sul giornale e si presenterà della gente che vorrà suonare. Prendi un ragazzo della strada e quello ti suonerà con il cuore in mano. Non voglio che suoni per me chi è interessato solo a quanti soldi farà.

E difatti l'annuncio che uscì sul *Village Voice* riportò solo questo scarno testo deciso dal Boss: "Cercasi batterista e tastierista per Bruce Springsteen and The E Street Band. Devono saper cantare".

Il management partecipativo

Ancora Bruce Springsteen ci insegna qualcosa a proposito del metodo di lavoro. Alcuni video ce lo mostrano arrivare in studio con chitarra acustica vintage (la sua affezionatissima Gibson J-45 semisverniciata) e cantare una nuova canzone per la prima volta (si veda in particolare il DVD *Blood Brothers*, del 1996, che testimonia la *reunion* del Boss con la E Street Band dopo undici anni di vite parallele). I musicisti gli sono seduti intorno e annotano spunti, trascrivono accordi e misure, sottolineano passaggi. Bruce ha già in testa un suono, un ritmo, un'agogica, una tonalità e tuttavia non mette le mani avanti con un demo preregistrato: spoglia la sua ispirazione di fronte ai suoi uomini per giovarsi del loro apporto. Lo spazio tra l'idea e la sua realizzazione è saggiamente occupato da un lavoro di squadra che non stravolge mai l'originale, ma lo completa e ne fa esplodere l'essenza grazie al sezionamento costruttivo dei vari punti di vista.

In questo senso risulta istruttiva, anche a evidenziare uno spaventoso equilibrio sinergico, la registrazione della versione finale di *Born in the USA*. Quella canzone era nata come brano acustico per chitarra e voce verso il 1981; scartata dall'album *Nebraska* (1982), ripetutamente rimaneggiata nel testo e nella melodia, venne registrata insieme con la E Street Band in vista dell'album di cui diventerà la title track. In studio Bruce si limitò a spiegare la scarna ossatura armonica e a canticchiare il riff a Roy Bittan; la band partì su un accordo di pianoforte e l'arrangiamento venne da sé, compresi l'altro urlo famoso del Boss – quello che il videoclip ufficiale sottolinea con le immagini del cimitero di guerra americano – e l'energico assolo di batteria che precede la coda finale, dove il brano sembra riprendere vita, come un reduce del Vietnam che non molla e resta in piedi anche se

> Sono dieci anni che sto bruciando per strada...

Fecero una sola prova, alla seconda registrarono, catturando la forza, la spontaneità e il valore della più grande rock band della storia.

Il principio che se ne ricava è che Bruce non fa business a suon di *policy* aziendali o di procedure calate dall'alto. Lui preferisce parlare, incontrarsi, sperimentare, sentire. Il meeting è il suo strumento di lavoro, il contatto oculare e il workshop sono i suoi focolai di motivazione e di eccellenza della performance. Il successo di Bruce Springsteen è il successo di una delle più grandi *factory* musicali di tutti i tempi, un successo che dietro la mietitura di un profitto economico immenso (*Born to Run* ha venduto tredici milioni di copie, *Born in the USA* ha superato i trenta milioni) lascia intravedere una sapiente amministrazione del prodotto, una spasmodica tutela del brand e una dedizione assoluta per la qualità finale.

Si fa un gran parlare che le aziende sono fatte di persone, ma chi ci lavora vive quasi la certezza che giorno dopo giorno questa convinzione gli venga sottratta dal gioco di oscure forze del male. Il potere della raccomandazione, l'amante dell'amante dell'amante, il nipote del cugino, retribuzioni e inquadramenti assegnati con leggerezza e per simpatia, organigrammi addomesticati, sbilanciamenti dipartimentali, budget capricciosi, dirigenti in soprannumero. Per certi versi Springsteen rappresenta il riscatto della classe manageriale, perché ha realizzato qualità e profitto incistando il suo talento sulle capacità dei suoi uomini, che con lui sono cresciuti e insieme con lui sono migliorati. Non ha sfruttato capacità altrui, non ha sottopagato nessuno, non ha licenziato per incrementare i profitti: ha sempre dato il massimo e si è sempre sentito responsabile in prima persona degli esiti del suo lavoro.

Il processo compositivo

I più accaniti fan di Bruce Springsteen hanno passato anni interi a esercitare la perizia del tenente Colombo nel ricercare materiale inedito: i cosiddetti *bootleg*, le registrazioni pirata dei concerti e i trafugamenti dei provini di studio. Mettere in serie questo materiale permette in alcuni casi di farsi un'idea del processo compositivo. Una canzone come *Thunder Road* ad esempio era nata col titolo di *Wing for Wheels*: è possibile rintracciarne una versione acustica cantata con voce cavernosa su una melodia e un'armonia sensibilmente diverse da quelle che conosciamo. Quando la canzone diventa elettrica e passa all'esecuzione con la E Street Band, vediamo Springsteen procedere per approssimazioni successive che, oltre a interventi diretti sul testo (la protagonista Mary prima si chiamava Angelina), asciugano la musica evitando ridondanze strutturali, rendendo più intelligibile la melodia, migliorando la coerenza delle parti, sostituendo il finale: in gergo si direbbe che la canzone "gira" meglio.

Non diversamente succede nella musica classica: l'analisi degli scartafacci di Beethoven rivela una pagina molto nera d'inchiostro, sovrascritta. L'avvicinamento alla versione definitiva è un paziente lavoro di cassazione, quasi di censura del materiale, teso a dare il massimo risalto e la massima espressività alle cellule tematiche originali. Il compositore butta giù le idee, ma poi le lascia riposare, le confronta, le abbandona, le riprende, le associa e le disperde fino a quando la mania divina dell'ispirazione e l'inquietudine del perfezionismo tecnico non si sono riappacificate: solo allora, e mai prima, dirà «Well done!» e sarà pronto per consegnarle alla storia.

Questo umile esercizio di artigianato artistico insegna al manager che i capolavori non nascono per caso: per l'autore un'idea può avere l'intensità e la rapidità di un lampo, ma perché questa idea arrivi al pubblico con la stessa chiarezza ci vogliono mesi, se non anni. Nelle aziende funziona uguale: una buona organizzazione così come il cambiamento organizzativo sono il risultato di un paziente lavoro di mediazione culturale tra il promotore e i *followers* e la loro efficacia dipende dal livello di tenacia e di concentrazione che il manager vi ha dedicato. L'autore di canzoni professionista è molto più concreto di quanto non si creda: esattamente come il manager ascolta il mercato.

Due anni dopo *Born to Run*, la rivoluzione punk porterà nella musica l'essenzialità delle storie e dei suoni, rompendo con i virtuosismi e gli stilemi baroccheggianti di un rock molto articolato. Springsteen cosa fa? Asciuga il suo stile, semplifica le strutture, fa arrivare prima i ritornelli, rafforza i messaggi giocando con testi più diretti e parole più iconiche. Per colpire il pubblico non servono più cento ceffoni, basta un pugno ben assestato, e difatti il tour successivo alla pubblicazione di *Darkness on the Edge of Town* (1978) sarà ricordato come il più rock della carriera di Springsteen.

Modificare il proprio stile è difficilissimo: un musicista è fatto di quello che ha ascoltato e assimilato per anni. Springsteen ci riesce e dimostra che è possibile inseguire il mercato senza svendersi: non si tratta di rinnegare la propria storia, ma di accogliere stimoli nuovi. Il bravo compositore è quello che si mantiene ricettivo, aperto alle influenze, senza perdere il contatto con la propria identità artistica. Questo esempio suggerisce al manager che non solo il cambiamento è possibile, ma che si può realizzare proprio a partire dall'averne percepito la necessità e dal lavoro che lui stesso è disposto a fare su di sé. Questa flessibilità nel solco della tradizione dimostrata da Springsteen, Dylan, Cash e da tutti i musicisti che hanno saputo cavalcare i decenni insegna al manager che ci si può adattare al contesto senza cadere nella schizofrenia. Una canzone è fatta perché qualcuno l'ascolti così come un prodotto è fatto perché qualcuno lo acquisti: il cantautore e il manager fanno lo stesso lavoro.

Il "legno" del mestiere

L'iconografia del rock mette in bella evidenza come l'immagine di molti artisti sia praticamente indissociabile dal loro strumento, che diventa simbolo del loro stile, oltre che artefice e caratterizzatore del suono. Ciò è particolarmente vero per la chitarra, strumento rock per eccellenza, per via della facile identificazione con un'arma con cui affrontare battaglie generazionali e sociali («La chitarra era una spada» canta Bennato in *Sono solo canzonette*, 1980) o come veicolo di seduzione (assimilata a una donna o a un fallo, in base ai punti di vista). Bruce Springsteen non fa eccezione:

> Bene, ho comprato questa chitarra e ho imparato come farla parlare

canta in *Thunder Road*. «Questa chitarra» è la Fender indossata sulla copertina di *Born to Run*, il risultato dell'assemblaggio di due chitarre: il corpo di una Fender Telecaster dei primi anni Cinquanta e il manico di una Fender Esquire di pochi anni più giovane, pagata 185 dollari e usata regolarmente in giro per il mondo dal 1973 fino al tour di *The Rising* (2003). Il rapporto dei musicisti col loro strumento principale è così viscerale da procacciarne l'umanizzazione: ci sono chitarre che hanno un nome, come fossero persone. È il caso di *Lucille*, la Gibson ES 355 di B.B. King; di *Mikawber*, la Fender Telecaster di Keith Richards; di *Blackie*, la più famosa Fender Stratocaster di Eric Clapton; mentre sul versante acustico si può ricordare *Trigger*, la Martin N-20 di Willie Nelson.

Cosa spinge il musicista ad attaccarsi in questo modo al proprio strumento? Probabilmente le risposte sono tante quanti sono i musicisti in circolazione. Di sicuro non si tratta di un fatto puramente tecnico: chi ha talento suona bene con quasi qualsiasi legnaccio. È che quegli strumenti, spesso molto vecchi oltre che oltraggiati dall'uso e dall'abuso (la Martin di Willie Nelson ha addirittura un vistoso buco sulla tavola armonica!), agli occhi del proprietario acquistano un'anima, diventano mezzi per officiare un rito, medium per entrare nella propria dimensione artistica, estensioni consapevoli della personalità, voci interiori, fuochi di ispirazione, proiezioni estetiche. Riassumendo: un bisogno profondamente personale e unico di completare un'identità.

Qui il manager può imparare qualcosa: anche il lavoro ha i suoi riti e per tenerli vivi, evitando che passino a routine, può essere utile "sacralizzarli" nelle loro componenti essenziali. In quest'ottica una penna, un orologio, una foto sulla scrivania, un gesto quotidiano, una postura, un capo di abbigliamento possono contribuire a creare la nostra dimensione: un fatto assolutamente privato che non deve essere spiegato a nessuno, ma che può stimolare la concentrazione, la *self confidence*. Non conta il valore agli occhi degli altri, conta il calore che ci evoca. Nelle situazioni particolarmente concitate, durante le turbolenze aziendali, quando si ridisegnano le mansioni, quando si sperimenta il gusto acidulo delle fusioni o, peggio, quello amarissimo delle acquisizioni (con tutti i travagli culturali che inevitabilmente comporta) e più in generale tutte le volte che lo spettro del "Che ci sto a fare qui io?" ingaggia la sua danza macabra come un'aureola sulla nostra testa, proprio allora si ha bisogno di trovare il contatto con la nostra dimensione più autentica, quella in grado di farci riannodare i fili di un percorso e darci ragione di certe scelte. Un oggetto, un gesto, una parola che in qualche modo ci sono cari può dare la stura all'energia, proprio come la scarica elettrica di un plug-in inserito in una chitarra ad amplificatore acceso.

L'esperienza flow

La registrazione di *Born to Run*, per come ce la racconta *Wings for Wheels*, riassume con una certa potenza quella che gli psicologi chiamano "esperienza flow", una situazione in cui il soggetto si trova completamente immerso in quello che sta facendo perdendo la nozione del tempo, il senso frustrante della fatica e isolandosi da tutto ciò che non vi inerisce. Chi vive questa esperienza si sente come un cavaliere su una corrente che non lo travolge: riesce a dominarla, mantenendo uno stato vigile, altamente concentrato e uno stato d'animo positivo. Il soggetto ha la sensazione di superare le barriere dell'Io e di trascendere il normale stato di coscienza fino all'identificazione con l'attività in corso. Questa è la condizione ottimale per dare il meglio di sé: l'individuo si orienta spontaneamente al compito, mettendoci tutto l'impegno di cui è capace, sostenuto da una motivazione che viene da dentro. Si prova la sensazione di muovere verso l'autorealizzazione, di non avere desiderio più grande da realizzare, di fare qualcosa che ci sopravviverà.

Sono questi i presupposti di molte discipline che sarebbe riduttivo definire sportive, come il tiro con l'arco, l'aikido, l'arte della spada, derivate dalla spiritualità orientale, ma sono anche i presupposti di un'esperienza artistica totalizzante. Nulla vieta al manager di sperimentarla su di sé e di trasferirla ai collaboratori.

Il modello di Bruce Springsteen per un manager occidentale è sicuramente più facile da ricalcare di una tecnica di meditazione. Bisogna provare a seguire i suoi passi: chiarire a se stessi e agli altri gli obiettivi, trascinare con l'esempio pretendendo il massimo a partire dal proprio comportamento, mantenere e promuovere una visione prospettica, comunicare la vision e ribadirla nei momenti di smarrimento, esercitare il controllo sull'impiego ottimale delle risorse, valorizzare il contributo dei singoli, restituire feedback oggettivi e garbati, stimolare la produzione di alternative, accettare i consigli, dare risalto al piacere del miglioramento, celebrare i risultati e guardare oltre gli stessi, visualizzando le conseguenze.

E, non da ultimo, educare al feeling. Una volta Keith Richards, a un giornalista che gli chiedeva a cosa pensasse mentre suonava, rispose quasi stupito per l'ovvietà della domanda: «Io non penso, io sento». Questa è forse la lezione più importante dei grandi del rock: per liberare il talento e farlo convergere verso una realizzazione memorabile bisogna sbarazzarsi delle limitazioni della "razionalità ad ogni costo" e saper creare, proprio come ha fatto Bruce Springsteen, un'intesa di sangue e di spirito: con se stessi, coi propri strumenti, coi propri colleghi, col proprio pubblico. *God save the Boss.*

Interludio

Nella seconda parte riporto una silloge di canzoni d'autore italiane che contengono insegnamenti, letterali o traslati, validi per affrontare con più cognizione di causa la vita aziendale. Concepisco questi brani come una serie di riverberazioni, un caleidoscopio di significati, e mi ci accosto bandendo ogni forma di capziosità. È evidente che spesso mi allontano dall'argomento che costituisce la reale "occasione" della composizione, ma in ogni caso non si tratta mai di una forzatura della lettera, piuttosto di un tentativo di ampliare l'orizzonte e dare forma compiuta alla comunicazione artistica. Del resto è nella natura stessa di un prodotto come la canzone, da consumare in fretta e nei contesti più disparati, la qualità di stimolare associazioni d'idee e accompagnare stati d'animo. In questo caso quasi tutti i riferimenti non riguardano capacità e conoscenze, ma la predisposizione ad assumere un determinato atteggiamento, talvolta per linea diretta e talaltra imparando da un esempio negativo.

Canzoni d'autore dicevamo, tra loro piuttosto lontane quanto a humus culturale e temperie generazionale, ma tutte accomunate da almeno un paio di caratteristiche: la levatura artistica degli autori e l'accessibilità attuale. Il contenuto di un testo offre lo spunto per svolgere collegamenti interdisciplinari col cinema, la letteratura, la filosofia, la pittura e persino con la fisica moderna. Il risultato non vuole essere una fiera della citazione, ma un ponte gettato verso il lettore, magari più avvezzo ad altre forme d'arte che non siano la canzone d'autore. Così l'insegnamento potrà essere approfondito e colto con maggior vigore attraverso quelle vie che qui sono solo indicate.

Il manager vi troverà una continua esortazione a ritornare ai fondamentali, e cioè a ripartire da se stesso. Che si tratti di un percorso di carriera o un impiego di routine poco importa, preme rilevare il fatto che il manager di oggi passa troppo tempo al lavoro per permettersi la leggerezza di fingere di essere quello che non è. E la nostra vita è troppo preziosa per lasciare che si trasformi in una prigione schizofrenica. Dobbiamo venire allo scoperto, riemergere dal nulla, uscire a «riveder le stelle», che per prima cosa deve significare riconoscersi attraverso la cultura che negli anni abbiamo via via assimilato.

La musica popolare certamente non esaurisce il discorso, ma se è vero che una bella canzone ha il potere di farci sentire quei sapori e quei profumi che sono stati parte della nostra vita e ci aiuta a ridefinire noi stessi quando tutto intorno sembra cospirare per stravolgerci, spero che anche il confronto con canzoni che conosciamo di meno o anche solo per sentito dire, magari lontane dalle nostre preferenze abituali, possa aiutarci a rispolverare qualcosa che è da sempre dentro di noi, come un piccolo seme in attesa di terra buona.

Le canzoni parlano al cuore, sono dirette, sono attimi, flash, corti circuiti, arrivano subito al dunque, non hanno il tempo di costruire preamboli, non esasperano la mediazione intellettuale, lavorano lateralmente, per affinità e suggestioni. La canzone è innanzitutto un atto creativo: una frazione di tempo prima di essere composta quella combinazione di note non esisteva. Il *labor limae*, come direbbe Orazio, che ne decreta la stesura definitiva fa seguito a un'operazione spirituale di grande significato per il mondo del lavoro. Tutto ciò che è creativo è anche speranza, promessa, guadagno, emozione.

Guardare l'esperienza manageriale e, più in generale, l'esperienza lavorativa attraverso le lenti della musica può voler dire restituirgli umanità, calore, brivido, immaginazione e toglierli quel senso di rassegnazione meccanica, frutto di una razionalità addomesticata e convinta che il futuro sia già stato scritto nei minimi particolari.

Le canzoni passate in rassegna trovano facile aggregazione attorno a sei temi portanti che costituiscono lo scheletro armonico della trattazione:

- l'osservazione della realtà,
- la responsabilità,
- il potere,
- la trappola organizzativa,
- l'autodisciplina,
- la fiducia.

Vogliono essere questi dei fuochi di segnalazione che, come pietre miliari lungo il cammino, facilitano il manager nella sua riflessione sullo stato dell'arte, suggerire elementi probanti di autovalutazione, fornire coordinate di riferimento utili quando si arriva ai crocicchi (i famosi *crossroads* dove, come vuole la leggenda, i vecchi bluesman del Mississippi incontravano il diavolo in persona), quegli snodi cruciali che costellano la vita di chi fa del management la sua professione e che ne saggiano il valore in relazione a un giudice che è molto più severo di un conto economico e molto meno suadente di un avanzamento di carriera: la propria coscienza.

Secondo tempo
Canzoni per manager

Una cosa curiosa mi ha colpito,
mi sembra davvero curiosa signore:
anche alla fine di ogni dura giornata di lavoro
la gente trova una ragione per credere.

Bruce Springsteen, *Reason to Believe*, 1982

6. Osservazione della realtà

Il manager deve innanzitutto avere chiaro il contesto in cui andrà a operare. Per fare ciò è necessario che faccia propri i principi in base ai quali il mercato si autoregola, che non sono affatto diversi da quelli che sostengono il funzionamento della realtà naturale.

Di passaggio di Franco Battiato esplora, alternando dotte citazioni a constatazioni pratiche, il principio del divenire. Tutto cambia, nulla dura per sempre: «L'universo è cambiamento; la vita, opinione» scriveva l'imperatore Marco Aurelio. Nel business anche le idee buone sono a termine. Conserviamone lo spirito, non la lettera.

Ci vuole un fiore di Sergio Endrigo incrocia buddhismo e fisica moderna raccontando l'interdipendenza di tutte le cose: la realtà è una catena di circostanze tenute insieme da nessi causali. Chi coglie questa verità abbraccia una visione sistemica che gli permette di enucleare prospettive e strategie, stringere legami, individuare sinergie sottili. Restituisce infine la giusta dimensione alle relazioni interpersonali, valorizzando i meccanismi della comunicazione.

Vasco Rossi con *Un senso* prova a dissuadere dalle soluzioni facili e a sollecitare il ritorno a una presenza autentica a se stessi, cercando in sé le cause di un impegno e riconoscendo i falsi miti imposti dall'esterno, che illudono e alienano senza dare ragione di un disagio palpabile. Non è la fuga in avanti che appaga l'uomo, ma la sua capacità di immergersi nelle cose: se si lavora bene sul *come*, i *perché* arriveranno da soli.

Di passaggio

Autori: *Franco Battiato*, *Manlio Sgalambro*; Interprete: *Franco Battiato* (*1996*)

Questa canzone spiega che la caratteristica fondamentale della realtà è il divenire, l'impermanenza di tutte le cose.

Nel 1996 Battiato pubblica *L'imboscata*, il suo primo album per la Mercury, scrivendo tutte le musiche e proseguendo, per quanto riguarda i testi, la collaborazione col filosofo siciliano Manlio Sgalambro. L'album, dedicato allo scrittore Gesualdo Bufalino, riscuote un grande successo di pubblico e di critica. *Di passaggio*, che apre l'album, è un brano agile e ritmato che si sviluppa attorno a una tessitura armonica semplice, sostenuta da un tappeto di chitarre acustiche. Una sventagliata elettrica, a mo' di riff cantabile, fa da spartiacque tra una strofa e l'altra. La vera particolarità della canzone consiste nel testo. Lo svolgimento è incorniciato da due citazioni in greco antico. In apertura tocca a Eraclito di Efeso (VI secolo a.C.), il filosofo del "tutto scorre". In chiusura è la volta di Callimaco, dotto poeta elegiaco di età alessandrina (III secolo a.C.) che a sua volta cita Platone, il discepolo di Socrate e fondatore dell'Accademia, quello che nella Scuola di Atene di Raffaello indica il cielo con un dito e al quale si contrappone pragmaticamente Aristotele, che invece indica la terra. La canzone è di fatto una presentazione della filosofia di Eraclito:

> Lo sai che tutto cambia,
> nulla si può fermare.
> /…/

Non ci si può bagnare
due volte nello stesso fiume…

Per Eraclito la realtà è movimento, cambiamento, trasformazione. Nulla resta immutato e uguale a se stesso. Così la traduzione del passo recitato all'inizio da Sgalambro (*Frammenti*, 88):

È la stessa cosa, che è viva e morta,
che è desta e dormiente, che è giovane
e vecchia. Queste cose, infatti,
ricadono nel mutamento in quelle,
e quelle viceversa in queste.

La realtà si svela come una lotta perenne di elementi contrari legati tra loro da un principio di complementarità, al punto che tendono a evolvere l'uno nell'altro (il giorno sfuma nella notte, il caldo nel freddo ecc.). Questa danza degli opposti (ma Eraclito usa il termine *pólemos*, cioè guerra) connota di fatto quella che possiamo chiamare l'armonia della natura ed è la manifestazione del divenire. Compito del saggio è guardare oltre la superficie dell'esperienza per afferrare la legge fondamentale che sostiene l'apparente molteplicità del mondo. Così Battiato:

Cambiano i regni,
le stagioni, i presidenti, le religioni, gli urlettini
dei cantanti…
E intanto passa ignaro
il vero senso della vita.
Si cambia amore, idea, umore,
per noi che siamo solo di passaggio.

Due contemporanei di Eraclito, in maniera non dissimile, hanno gettato le basi delle loro dottrine destinate a grande fortuna storica e spirituale.

Il primo è Siddartha Gautama, il principe indiano meglio noto come il Buddha. Il suo pensiero si compendia in massimo grado nelle Quattro Nobili Verità, la prima delle quali annuncia che la realtà della condizione umana è il dolore – o più precisamente, la frustrazione – derivante dal fatto che l'uomo fatica ad accettare l'impermanenza, la transitorietà del tutto. Nulla dura per sempre (rapporti, possessi, sentimenti), tutto cambia, evolve e si rigenera in un perenne gioco di trasformazioni. L'ignoranza o la non accettazione di questo principio provocano l'attaccamento alle cose e la tendenza a cristallizzare col pensiero qualcosa che in realtà continua a divenire, a modificarsi. Va a finire così che le aspettative non sono mai soddisfatte completamente e ciò genera un perenne senso di inappagamento. L'uomo fatica ad accettare che una passione, un sentimento, un obiettivo, un interesse cambino intensità o direzione perché l'assenza di punti fermi gli dà le vertigini, ma la realtà è proprio questa. E come è disposto ad accettare che la realtà fisica (dai tratti somatici alle condizioni meteorologiche) si modifichi nel tempo, così deve poter sopportare che la stessa cosa accada alla realtà psicologica ed emotiva.

Il secondo saggio, anch'egli orientale, è il cinese Lao-tsu, il padre del taoismo. Nel libro a lui attribuito, il *Tao te Ching*, si annuncia il Tao, la legge fondamentale dell'universo: un processo cosmico che è flusso e mutamento incessante. Compito degli uomini saggi è intuire il ritmo di questo incedere ciclico e naturale e di conformarvisi armonicamente. È questa la filosofia che ha prodotto i concetti di *yin* e *yang*, i due principi primi della realtà, allo stesso tempo opposti e complementari, che stanno tra loro in relazione dinamica e si trasformano l'uno nell'altro in un avvicendarsi infinito che costituisce il ritmo proprio della natura: luce/buio, umido/secco, morbido/duro, pieno/vuoto ecc.

Eraclito, Buddha, Lao-tsu, pur all'interno delle coordinate culturali che sono loro proprie, non fanno che esprimere la medesima visione del mondo. E la loro conoscenza può servire per apprezzare alcune espressioni di Gesù quando, cinque secoli dopo, porterà lo scandalo tra le genti declamando paradossi quali «porgi l'altra guancia» o «chi si esalta sarà umiliato».

Ma torniamo a Franco Battiato:

Ci cambiano, capelli, denti e seni,
a noi che siamo solo di passaggio.

Cosa insegnano questi concetti a un manager d'azienda? Innanzitutto che le condizioni esterne cambiano di continuo: la capacità di leggere i segnali deboli che provengono dal mercato diviene il fattore decisivo per creare vantaggio competitivo. L'azienda deve mantenere i canali di comunicazione aperti, deve adattarsi al flusso del cambiamento e anticipare le mosse dei concorrenti così come gli orientamenti nei gusti del consumatore. Al proprio interno deve governare il gioco degli opposti: informalità nella gerarchia, flessibilità nell'applicazione delle procedure, aggiornamento costante dei profili di ruolo. La cultura aziendale deve riflettere valori e schemi di comportamento atti a promuovere l'adattabilità ai contesti e a sensibilizzare la revisione dei contenuti, senza snaturarne l'essenza.

Ma niente di ciò è possibile se il management non interiorizza il divenire e non lo assume su di sé. Qualunque manuale di strategia militare, ad esempio, rileva che non esiste alcun generale che abbia sempre vinto ripetendo gli stessi schemi (Napoleone addirittura diffidava di chi non aveva mai perso una battaglia). L'innovazione, il problem solving, la velocità di risposta alle situazioni dipendono in larga misura proprio dalla confidenza che il manager è in grado di sviluppare col concetto di divenire e dalla sua capacità di trasferirla ai collaboratori senza che dilaghi il senso di incertezza, di instabilità o la percezione che manchino delle ancore. Educare al divenire significa rinunciare al concetto di "punto d'arrivo". Il senso è quello della parabola geometrica: quando si raggiunge il punto più alto si comincia pericolosamente a scendere. Allora bisogna uscire dalla logica lineare dei gradini da salire e promuovere la condivisione di un modello circolare, basato sull'alternanza, sulle fasi, sulla compensazione. Bisogna osservare la realtà naturale e accettare che l'azienda, in quanto microcosmo e metafora di organismo vivente, non fa che sopravvivere delle stesse leggi che la natura stessa si è data per conservarsi e migliorarsi. Non si può cogliere il vento delle opportunità senza che ci sia radicamento nella concretezza, ma non si può essere concreti se non si impara a vivere in simbiosi con la naturale mutevolezza della realtà, vero polmone del soffio vitale.

Ascolti correlati
Tom Waits, *Foreign Affairs* (*Foreign Affairs*, Elektra, 1977)
Eros Ramazzotti, *Favola* (*Tutte storie*, DDD, 1993)

Ci vuole un fiore

Autori: *Sergio Endrigo, Luis Bacalov, Gianni Rodari*; Interprete: *Sergio Endrigo (1974)*

Questa canzone spiega che la realtà è un grande sistema integrato in cui tutte le cose sono tra loro interdipendenti.

Sergio Endrigo, autore e interprete di alcune tra le più belle melodie degli anni Sessanta, non nuovo a collaborazioni con poeti affermati (Vinicius de Moraes e Giuseppe Ungaretti), nel 1974 pubblica un disco di canzoni per bambini, musicando insieme a Luis Bacalov alcune poesie di Gianni Rodari, giornalista e scrittore per l'infanzia. Nasce un'opera di buon impatto mediatico e con una hit del genere *Ci vuole un fiore*. Questa filastrocca, che tutti conoscono e tutti hanno amato, recentemente riproposta come colonna sonora di uno spot pubblicitario, racconta una verità per adulti attraverso un gioco di parole. L'autore del testo usa una concatenazione di immagini per illustrare principi universali. L'orchestrazione di Bacalov impreziosisce una melodia allegra e cantabile che viene introdotta da queste parole:

> Le cose di ogni giorno raccontano segreti
> a chi le sa guardare ed ascoltare.

A questo punto si dipanano le strofe che sono cantate da Endrigo e ripetute da un coro di bambini. L'autore osserva la realtà e scopre che gli oggetti e i fenomeni che percepiamo come separati e a sé stanti sono tra loro collegati secondo un principio di causalità:

> Per fare un tavolo ci vuole il legno
> per fare il legno ci vuole l'albero
> per fare l'albero ci vuole il seme
> per fare il seme ci vuole il frutto
> per fare il frutto ci vuole un fiore
> ci vuole un fiore, ci vuole un fiore,
> per fare un tavolo ci vuole un fiore.

Il testo mette in circolo nel modo più didascalico possibile un cardine della filosofia buddhista: l'interdipendenza di tutte le cose. Per il Buddha la realtà è un grande sistema che vive della reciprocità delle sue parti costituenti, in cui tutto è connesso con tutto, dove ogni fenomeno è condizionato da tutti gli altri fenomeni. Il semplice fatto di nascere, ad esempio, ci pone al centro di una rete di relazioni che si diramano nello spazio e nel tempo, dalla catena dell'evoluzione della specie (le generazioni che ci hanno preceduto e ci seguiranno) alla sopravvivenza biologica (l'aria che respiriamo, il cibo che mangiamo, la persona con cui ci riproduciamo).

L'interconnessione degli elementi porta al paradossale concetto di *vacuità*: la natura della realtà è vuota. Paradossale perché non stiamo dicendo che la realtà non esiste, ma che tutte le cose sono prive di un sé separato: non potrebbero vivere di per se stesse perché ogni cosa è fatta di altre cose e per esistere ha bisogno di altre cose ancora. Il fatto che ogni cosa sia condizionata da qualcos'altro suggerisce un importante risvolto etico: ogni uomo ha la piena responsabilità del proprio rapporto coi suoi simili e con la natura, che dovrà manifestarsi in un sistema di relazioni fondato sul rispetto. Da qui scaturisce una coscienza civile che porta a occuparci del prossimo e del pianeta nel nome di una considerazione scientifico-filosofica puramente razionale, e non per paura del castigo divino.

Il pensiero filosofico e scientifico occidentale, con le parziali eccezioni di Eraclito, Democrito e Nietzsche, è arrivato con molto ritardo alle medesime conclusioni (si legga il classico di Fritjof Capra, *Il Tao della fisica*). Nella cultura occidentale, quello che l'Oriente chiama interdipendenza viene illustrato con il concetto di *sistema*. Per l'antropologo Gregory Bateson (autore di *Verso un'ecologia della mente*) ragionare in termini di sistema vuol dire stabilire che ogni cosa dovrebbe essere definita non per ciò che è in se stessa, ma per mezzo dei suoi rapporti con le altre cose. La fisica del Novecento, dopo gli studi sull'atomo e la rivoluzione quantistica, arriva a dire con Werner Heisenberg che

> ... il mondo appare come un complicato tessuto di eventi, in cui rapporti di diverso tipo si alternano, si sovrappongono e si combinano determinando la struttura del tutto.

Per un altro fisico, il danese Niels Bohr, non esistono mai "cose", ma abbiamo sempre a che fare con interconnessioni. Ed è significativo che nello stemma personale di Bohr compaia il simbolo del Tao contornato dalla scritta "*Contraria sunt complementa*" ("I contrari sono complementari"). Ancora un fisico, Edward Lorenz, nel 1979 espone il Butterfly Effect (l'effetto farfalla): una provocazione scientifica che ipotizza come il battito d'ali di una farfalla in Brasile, di evento in evento, possa provocare una tromba d'aria nel Texas. Lo scienziato più famoso, Albert Einstein, ha invece portato il suo contributo dimostrando la reciproca influenza e la sostanziale inseparabilità delle dimensioni dello spazio e del tempo.

Questa ridondanza di nozioni estrapolate da filosofie, religioni, scienze, Oriente, Occidente cosa insegna a un manager?

La prima considerazione da fare è che, a partire dall'organigramma, il manager deve avere chiare le interconnessioni tra le varie funzioni e la liquidità dei processi operativi. Deve sviluppare la consapevolezza che ogni cambiamento in una funzione determina una modifica in tutte le altre funzioni (ogni sistema tende all'equilibrio e quindi varia per adattarsi) e deve saper calcolare le conseguenze e gli effetti collaterali di una decisione. Spostandosi verso l'esterno, poi, deve indagare le modalità di accesso all'ecosistema mercato e le possibilità di influenzamento reciproco con l'ambiente circostante. È la visione prospettica – questa capacità di vedere indifferentemente gli alberi come la foresta – che salva il manager.

L'approccio è simile a quello che si può avere di fronte a un quadro impressionista. Qui le forme scaturiscono dall'accostamento delle rapide pennellate di colori diversi. Da lontano i contorni appaiono definiti, ma più ci si avvicina e più si è pervasi da una sensazione di spaesamento perché la realtà del quadro si rivela per quella che è: un insieme di tonalità che sfumano l'una nell'altra senza riposo. Una "logica non logica" simile a quella che occorre nel campo della fisica atomica per accettare l'incessante movimento delle particelle subatomiche nonostante l'apparente staticità della forma che le contiene.

Chi pensa per sistemi sa che una catena ha la forza del suo anello più debole. Ecco come san Paolo, rivolgendosi ai Corinzi, illustra il concetto servendosi della metafora dell'organismo vivente (*1 Cor.*, 12, 24-27):

> Dio ha composto il corpo perché non vi fosse disunione, ma anzi le varie membra avessero cura le une delle altre. Quindi se un membro soffre, tutte le membra soffrono insieme; e se un membro è onorato, tutte le membra gioiscono con lui. Ora voi siete il corpo di Cristo e sue membra, ciascuno per la sua parte.

Ma l'atteggiamento sistemico pretende soprattutto che il manager prenda coscienza della propria funzione. Prima Albert Einstein con la sua teoria della relatività speciale (1905) e poi Werner Heisenberg col principio di indeterminazione (1927) hanno dimostrato che l'osservatore è parte del fenomeno che osserva e che, anzi, il suo punto di vista influenza l'esito dell'esperimento. In ambito lavorativo ciò significa innanzitutto avere chiaro che il comportamento dei collaboratori dipende anche dallo stimolo che arriva dall'alto. Proprio come il feedback definisce il moderno concetto di comunicazione (il processo non si esaurisce nel messaggio che A passa a B, ma prosegue considerando come la reazione di B stimoli a sua volta il successivo comportamento di A), allo stesso modo la natura del rapporto capo/collaboratore promuove già da sola parte del risultato. Non ci si può limitare a concordare per iscritto un obiettivo. Banalmente, quando andavamo a scuola e cambiavamo professore, il nostro rendimento in quella materia poteva cambiare anche di molto e questo perché lo stimolo che veniva dall'alto era di natura differente. A questa stregua il detto "il pesce puzza dalla testa" si rivela un buon esempio di saggezza popolare.

Bisogna sostenere, creare le condizioni (anche psicologiche), innaffiare il terreno e agire sulle leve opportune per condurre a un esito voluto. Il primo step è ovviamente quello di soddisfare i *fattori d'igiene*: le condizioni materiali in cui i collaboratori devono svolgere le loro prestazioni. Ma subito dopo bisogna agire nella consapevolezza che la resa di un dipendente è soprattutto influenzata da quelle variabili di sistema che agiscono sui bisogni secondari: dall'appartenenza sociale alla coscienza di ruolo, dalle relazioni interpersonali alla realizzazione personale. L'attenzione per questi fattori rapportati al contesto aziendale, agli obiettivi da raggiungere e alle risorse a disposizione, oltre a garantire la conoscenza e il controllo della situazione, favorisce la percezione di serenità dell'ambiente di lavoro e, dove occorre, promuove la tempestività degli interventi correttivi.

Ascolti correlati

Angelo Branduardi, *Alla fiera dell'est* (*Alla fiera dell'est*, Polydor, 1976)
Franco Battiato, *Io sono. Io chi sono?* (*Il vuoto*, Mercury/Universal, 2007)

Un senso

Autori: *Vasco Rossi, Gaetano Curreri, Saverio Grandi*; Interprete: *Vasco Rossi* (*2004*)

Questa canzone invita a riflettere sul significato dell'esistenza.

Un senso viene presentata nel 2004 a commento musicale del film *Non ti muovere* di Sergio Castellitto. Viene poi inserita da Vasco Rossi, suo autore e interprete, come brano conclusivo dell'album *Buoni o cattivi* (già fornita di belle prove come la title track, *Come stai*, *E...*) e, l'anno successivo, nella registrazione dal vivo *Buoni o cattivi live Anthology 04.05* con una versione che prevede un *encore* con assolo di chitarra elettrica. Si tratta di una rock ballad figlia di un operoso artigianato musicale, fin dal primo ascolto destinata a diventare un classico, non fosse per il testo che in più persone suscita un'antipatia istintiva per via del tema trattato. È piuttosto raro che una canzone si occupi di massimi sistemi ed è ancora più strano che lo faccia senza risultare retorica. *Un senso* riesce in questa impresa parlando del significato della vita. E lo fa per via diretta, con un bel pugno assestato nello stomaco, dato sì con un guanto, ma molto sdrucito. La parola a Vasco:

> Voglio trovare un senso a questa vita
> anche se questa vita un senso non ce l'ha.

E un senso non ce l'hanno neanche questa sera, questa storia, questa voglia, questa situazione, questa condizione… Ma nonostante tutto:

> Domani arriverà
> domani arriverà lo stesso.
> Senti che bel vento
> non basta mai il tempo
> domani un altro giorno arriverà
> domani un altro giorno… ormai è qua!

Non si raccontano storie, non si citano esempi, soltanto si riporta un commento che può essere il commento di chiunque nel tentativo di riassumere un'esperienza. Si tratta di uscire dalle polarità ottimismo/pessimismo, giusto/sbagliato, bene/male, e considerare le cose per come sono. La vita emerge dal nulla e al nulla ritorna e qualunque cosa facciamo «domani arriverà lo stesso». Un po' poco? Forse, ma è così, e per quanto l'uomo si affanni a conoscere la natura («Il brutto poter che, ascoso, a comun danno impera», sentenzia Leopardi), a interpretare i fenomeni con la perizia dello scienziato o a dominare il mondo conosciuto con la strafottenza della tecnica, quel senso di angoscia, per non dire di impotenza, non riesce ad abbandonarlo. Perché un cancro non te lo vai a cercare, così come un incidente grave, una truffa, un tradimento o il fallimento dell'azienda per cui lavori da vent'anni: nella maggior parte dei casi queste cose semplicemente accadono. E tanto più in questo momento qualche lettore sta facendo gli scongiuri e tanto più Vasco Rossi si prende la sua dose di ragione. Non che Vasco sia solo, in particolare in campo letterario ci sono precedenti illustri. Così Shakespeare che per bocca di uno dei suoi personaggi più riusciti, Macbeth, scrive (*Macbeth*, atto V, scena V):

> Domani e domani e domani striscia a piccoli passi, di giorno in giorno, fino all'ultima sillaba del tempo prescritto; e tutti i nostri ieri hanno illuminato a dei pazzi il cammino verso la polverosa morte. Spegniti, spegniti, breve candela! La vita non è che un'ombra in cammino; un povero attore che s'agita e si pavoneggia per un'ora sul palcoscenico e del quale poi non si sa più nulla. È un racconto narrato da un idiota, pieno di strepito e furore, e senza alcun significato.

Da questo stato di prostrazione, comune a ogni uomo fin dalla notte dei tempi, nascono gli apparati religiosi e le ideologie salvifiche: il bisogno di sicurezza (i cosiddetti punti fermi) viene sublimato prima dalla felicità ultraterrena, poi da quella terrena intesa come catena solidale delle generazioni, infine dall'ambizione individuale che spinge a cristallizzare delle mete personali. Ma in tutto ciò, di quella che chiamiamo vita non rimangono che una perpetua fuga in avanti e un progressivo allontanamento da se stessi in nome di finalità eteroimposte ed eterodirette dai grandi burattinai. Chi insegue il successo inteso come conquista di una posizione e di un arricchimento materiale non fa che prendere l'abbaglio di assolutizzare qualcosa che in realtà è soltanto relativo al sistema culturale di riferimento e il più delle volte si riduce alla stregua dell'asino che, per inseguire la carota posta di fronte ai suoi occhi, si spezza ingenuamente la schiena trascinando una macina.

Per fortuna di persone che hanno aperto gli occhi ce ne sono sempre di più e, senza entrare nel dettaglio di una disamina che porterebbe molto lontano, basterà citare una frase di John Lennon:

> La vita è quello che ti succede mentre sei impegnato a fare altri piani.

Il consiglio? Le risposte potrebbero essere tante quante sono le teste che si prendono la briga di applicarvisi. Ad esempio accettare che nulla dura per sempre, riconoscere la vita come flusso, perpetuo divenire, e dare corpo al momento presente («vivere in plenitudine», direbbe d'Annunzio), maturare la consapevolezza che non si può continuare ad ammonticchiare la polvere sotto il tappeto perché, come dichiara il saggio sessantenne Bruce Springsteen a *Rolling Stone Italia* (luglio 2009):

> Tutti noi dobbiamo fare i conti con la nostra storia, perché la storia prima o poi ci arriva addosso [...] Se non fai i conti con la tua storia, finisce che ti divora.

Vivere per amore della vita e non per paura della morte, realizzare che il tempo passato ossessivamente a compiacere gli altri è amore sottratto a noi stessi, non avere fretta di sposarsi e generare figli allevati nel culto dei nostri errori solo per aderire a una conformità sociale, prendere confidenza con le nostre pulsioni, non stancarsi mai di indagare chi siamo, dire di sì quando la vita dice di no, imparare ad amare il proprio destino soprattutto in quelle cose che non ci siamo potuti scegliere.

Viene da sé il consiglio per il manager: tu non sei il tuo lavoro, decidi di non dipendere da un'etichetta e da una rete di relazioni che al momento opportuno potrà-dovrà-saprà fare a meno di te. Trova il tuo centro vitale (il tuo *hara*, alla giapponese) nel tuo petto, nelle tue tradizioni, nelle tue scelte; cerca e affronta il tuo deserto e, proprio come Gesù, escine completato, trasformato, sicuro della tua natura. Ne hai visti troppi di pensionati disperati per aver usato la presentabilità della professione come sentina o paravento per i loro veri problemi. Non perderti nel tempo. E se scopri che la tua natura è l'attitudine al comando, ti sia di esempio il consiglio di Friedrich Nietzsche (*Umano, troppo umano*, I, 521):

> *Grandezza* significa: imprimere una direzione. – Nessun fiume è grande e ricco di per sé, ma è il fatto di ricevere e convogliare in sé tanti affluenti a renderlo tale. Ciò vale anche per ogni grandezza dello spirito. Importa solo questo: che uno imprima la direzione che poi tanti affluenti dovranno seguire, e non che uno possieda sin dall'inizio capacità grandi o piccole.

Regalati un'opportunità al giorno e, quando sei preso male e non te la senti, ricordati di regalarla a qualcun altro. Non è forse questo il più alto messaggio di *Forrest Gump*, il bellissimo film di Robert Zemeckis, del 1994, premiato con sei Oscar tra cui miglior film, miglior regia, miglior attore protagonista?

Forrest (Tom Hanks) è triste: la sua cara mamma è morta e Jenny, l'amore della sua vita, l'ha abbandonato. Lui cosa fa? È mattina presto, sta seduto sulla sedia a dondolo con lo sguardo assente, perso nei ricordi, indossa un paio di Nike nuove di zecca (regalo di Jenny) e il cappellino rosso della Bubba-Gump Shrimps. A un certo punto si alza, scende dal patio della villetta e comincia a correre:

> Quel giorno, non so proprio perché decisi di andare a correre un po', perciò corsi fino alla fine della strada, e una volta lì pensai di correre fino la fine della città, e una volta lì pensai di correre attraverso la contea di Greenbow. Poi mi dissi, visto che sono arrivato fino a qui tanto vale correre attraverso il bellissimo stato dell'Alabama, e così feci: corsi attraverso tutto l'Alabama. E non so proprio perché continuai ad andare. Corsi fino all'oceano e, una volta lì mi dissi, visto che sono arrivato fino a qui tanto vale girarmi e continuare a correre. Quando arrivai a un altro oceano, mi dissi, visto che sono arrivato fino a qui, tanto vale girare di nuovo e continuare a correre. Quando ero stanco dormivo, quando avevo fame mangiavo, quando dovevo fare… insomma, la facevo!

Alle riflessioni di Forrest fanno da sfondo l'incantevole panorama dell'entroterra americano e una colonna sonora di superclassici: *Running on Empty* di Jackson Browne, *On the Road Again* di Willie Nelson, *Against the Wind* di Bob Seger, *Go Your Own Way* dei Fleetwood Mac, *It Keeps You Runnin'* dei Doobie Brothers. Sono ormai due anni che Forrest percorre gli Stati Uniti in lungo e in largo. Le televisioni cominciano a interessarsi alla sua impresa. Sul fiume Mississippi un gruppo di giornalisti lo insegue e gli domanda:

> Signore perché corre? Lo fa per la pace nel mondo? Lo fa per i senzatetto? Corre per i diritti delle donne? Oppure per l'ambiente? O per gli animali?

Commenta Forrest in retrospettiva:

> Non riuscivano a credere che uno poteva correre tanto senza una ragione particolare… Avevo voglia di correre… Ora, non so perché, quello che facevo sembrava avere un senso per le persone… Qualcuno più tardi disse che avevo dato una speranza alle persone.

Qui sta il punto: non è nel pensare che troviamo la vita, ma nel viverla. La vita non si alimenta di quello che pensiamo e diciamo né degli obiettivi che ci diamo, la vita è quello che facciamo. Siamo fatti di esperienze non meno che di sogni e il bello sta proprio qui: il senso della vita arriverà da sé quando avremo vissuto, sofferto, lottato, amato abbastanza per saperlo riconoscere.

Durante il suo peregrinare Forrest suggerisce preterintenzionalmente ai suoi ammiratori alcune idee di business che poi si riveleranno milionarie, e questo può essere l'insegnamento più bello per il manager: cercare il proprio senso aiuta gli altri a trovare il loro. Le aziende si aspettano che il manager contribuisca alla costruzione di senso per i dipendenti, ma questa operazione di *sense making* non può essere sbrigativamente demandata alla divulgazione di mission e vision istituzionali. Il rischio è quello del rilascio decrescente: la sola induzione di una motivazione esogena porta col tempo i dipendenti a disamorarsi del progetto. La strada giusta per il manager è invece quella di coltivare un rapporto attento anche alle variabili personali: l'efficacia si ottiene quando i componenti di un gruppo che ascolta il manager provano la sensazione che la comunicazione si stia svolgendo singolarmente. Ognuno si sente letto e interpretato in base ai propri bisogni e alle proprie aspettative. Questa sensazione genera la fiducia e la fiducia genera senso.

Lavora duro e bene: quello che lasci *saprà* di te. Saranno le tue realizzazioni a sancire se si tratterà di profumo o di qualcosa di sgradevole; in ogni caso, se sei un bravo manager, non devi mai dimenticare che dai veramente un senso al tuo lavoro solo quando *fai accadere le cose*. Pensa alla vita e al tuo lavoro come a una sola grande occasione: l'amerai così tanto che, anche senza averlo programmato, la tua eredità spirituale diventerà qualcosa con cui il manager che arriverà dopo di te dovrà fare positivamente i conti.

Ascolti correlati
The Beatles, *Let It Be* (*Let It Be*, Apple, 1970)
Francesco De Gregori, *Generale* (*De Gregori*, RCA, 1978)
Vasco Rossi, *Stupido hotel* (*Stupido hotel*, EMI, 2001)

7. Responsabilità

È l'asse attorno al quale deve ruotare il lavoro del manager. Un atteggiamento che afferisce alla persona ancor prima che al lavoratore. Tanto più grande è la posta in gioco, quanto più saldo deve essere l'affidamento sulla coscienza di ruolo. A grandi obiettivi corrispondono sempre grandi incarichi, come è naturale, ma anche grandi conseguenze, ad esempio in termini di risorse sacrificate e/o valorizzate («Chi pensa in grande può fare grandi errori», diceva Martin Heidegger). Il manager non dovrà certo portare il peso dell'agnello di Dio, ma non si potrà mai e poi mai sottrarre alla contropartita della fama: il dovere di decidere, elemento strutturale del suo ruolo.

Prima di partire per un lungo viaggio, un successo di Irene Grandi, è un esercizio di autocoscienza che pone l'accento sulla necessità di acquisire consapevolezza. Il coraggio di scavarsi dentro è l'unico modo per scoprire la propria strada. Un percorso faticoso, fatto di ripensamenti e ferite che tardano a rimarginarsi, ma essenziale quando – come nel caso del manager – la posta in gioco è il governo degli altri.

Guardarsi dentro è anche l'occasione per fare il punto sul proprio rapporto con l'etica. E qui si apre una finestra gigantesca. Cosa implica il concetto di deontologia professionale in una corporation? La fedeltà al mandato può comportare travagli non indifferenti. Canzoni come *Il rubacuori* dei Tiromancino (sulla crisi del mercato discografico) e *La guerra dell'acqua* di Ivano Fossati (sulla privatizzazione degli acquedotti nel terzo mondo) descrivono profili manageriali negativi che si affrettano a bypassare la questione morale in nome dell'efficienza e della profittabilità. Ma il manager è un uomo in carne e ossa, è fatto di valori, non solo di applicazioni razionali. Il viaggio attraverso se stessi riporta la persona a confrontarsi con ciò di cui è fatta e la spinge a scegliere da che parte stare.

La leva calcistica della classe '68 di Francesco De Gregori e *La cura* di Franco Battiato illuminano un altro lato della responsabilità: il rapporto con i collaboratori. Nel primo caso l'attenzione è rivolta ai giovani talenti, che vanno seguiti e protetti con la tecnica del mentoring. Nel secondo caso il concetto si sposta sul piano dei principi: le risorse umane sono un bene che ci è stato affidato, la consegna può essere solo quella di custodirlo garantendo una presenza sussidiaria né caritatevole né paternalistica.

Prima di partire per un lungo viaggio

Autori: *Vasco Rossi, Gaetano Curreri, Roberto Drovandi*; Interprete: *Irene Grandi (2003)*

Questa canzone parla dell'importanza di coltivare un rapporto schietto con se stessi come prerequisito per relazionarsi costruttivamente con gli altri.

Già nel 2000 la coppia di autori Rossi-Curreri aveva contribuito al secondo posto sanremese di Irene Grandi, voce fiorentina un po' blues, un po' rock, un po' pop. Nel 2003, insieme a Roberto Drovandi, bassista degli Stadio, lo special duo sforna una delle tante canzoni destinate a diventare una hit: *Prima di partire per un lungo viaggio*. Questo brano, contenuto anche in una convincente versione dal vivo nell'album degli Stadio *Canzoni per parrucchiere Live Tour* (2006), presenta un testo maturo che ruota attorno al concetto di responsabilità personale. Lo svolgimento è tutto giocato sulla ripetizione del medesimo schema sintattico (una proposizione temporale e una principale) inframmezzato da un disarmante

> Non è facile però è tutto qui.

La responsabilità scaturisce dalla consapevolezza e gli autori mirano a stimolarla attraverso una serie di consigli che rinfresca il socratico «Conosci te stesso». La chiarezza con se stessi, suggeriscono gli autori, è alla base del rapporto con gli altri:

> Prima di non essere d'accordo
> prova ad ascoltare un po' di più.
> Prima di non essere da sola
> prova a pensare se stai bene tu.

Questo dialogo interiore è tutt'altro che scontato, soprattutto nel mondo attuale dove la solitudine è vista come una sciagura al punto che anche a fare una semplice passeggiata da soli si è scambiati per tipi strani. Un'epoca che incoraggia la promiscuità e la superficialità, producendo a getto continuo una tale messe di distrazioni e di svaghi passivi che anche il frequentare una persona coi nostri stessi problemi è ormai diventata un'ottima scusa per fingere di non averli.

In realtà l'unica regola per una vita serena è stare bene con se stessi, ma non si può arrivare a tanto senza mettersi in discussione, senza aprire le finestre del cuore e senza accettare che solo nel cambiamento profondo esiste la crescita. Il vero *redde rationem* non è il giudizio universale, ma quello speciale momento che ci coglie più o meno «nel mezzo del cammin di nostra vita», quando si scopre che le persone che abbiamo incontrato sono come certi libri: li abbiamo letti al momento sbagliato e non li abbiamo capiti, vorremmo rileggerli – quanto siamo stati stupidi, per pigrizia, a sottovalutare le note! – ma non li troviamo più, sono fuori catalogo. Pare ci siano persone in grado di spazzare la polvere sotto il tappeto per tutta la vita, ma qual è il prezzo da pagare? Niente di meno che la vergogna di aver solo ricevuto, preteso, imposto e solo superficialmente dato. Così ammonisce la nostra canzone:

> Prima di pretendere qualcosa
> prova a pensare a quello che dai tu.

Riecheggia qui il Nietzsche dei *Ditirambi di Dioniso*, quando nella poesia *Della povertà dei più ricchi* si ascolta il monito:

> Prima regala te stesso, o Zarathustra!

Il manager non può fondare la sua sicurezza sull'immagine che gli altri hanno di lui, ma a partire da ciò che prova di fronte a se stesso. Così si esprime il *Tao te Ching* (cap. 33):

> Conoscere gli altri è intelligenza
> conoscere se stessi è illuminazione.
> Conquistare gli altri è potere
> conquistare se stessi è superiorità.

E la nostra canzone sublima:

> Prima di pretendere l'orgasmo
> prova solo ad amarti.

Solo il manager che è sicuro di sé può dare sicurezza, solo chi sa farsi del bene in modo intrinsecamente disinteressato può davvero fare del bene ai suoi simili. Ma per arrivare a tanto bisogna avere il coraggio di soffrire, di cercarci proprio là dove siamo, non dove ci vorrebbero genitori, amici, fidanzati, e di superare uno a uno gli ostacoli dei condizionamenti sociali per scoprire che questo è il viaggio più interessante e bello che si possa compiere nella vita. Interessante perché unico, bello perché onesto.

Una volta acclarata la responsabilità nei confronti di se stesso, l'uomo può andare incontro all'azione sociale con una consapevolezza definita.

> Devi prendere una decisione
> parti stanotte o vivrai e morirai così.

cantava Tracy Chapman in *Fast Car* nel 1988.

Le responsabilità non si possono mai realmente dare, si possono solo prendere, assumere nelle proprie viscere e trasformare in azioni, oppure si può scansarle o rigettarle al mittente. Ma quando – e qui entra in gioco il nocciolo della posizione manageriale – ci viene affidato il controllo di altre persone, allora non possiamo sottrarci ai doveri che ne conseguono, altrimenti non siamo fatti per quel ruolo. Ed è bene che dietro un potere, quando viene conferito, ci siano doti corrispondenti in grado di sostenerlo (i carismi, direbbe san Paolo), predisposizioni naturali il cui sviluppo è alla base di una vita anche psicologica armoniosa: il primo dovere di ogni uomo, rispetto al quale lui e lui solo sarà in definitiva giudice e arbitro, sta proprio nello scoprire queste predisposizioni personali e nel dar loro una voce, un volto, un peso specifico.

Non si sfugge al proprio destino, se non al prezzo di gravi distonie. Si può diventare manager per ambizione, ma non lo si può rimanere per sempre se non si possiede il talento necessario. Fare il manager vuol dire sperimentare l'angoscia della scelta e accettarla come un dato naturale. Questa è responsabilità. Quando il manager rallenta i ritmi di lavoro creando i cosiddetti colli di bottiglia, cioè quando non prende decisioni, il suo mandato è a tempo perché la sua divisione prima o poi segnerà il passo rispetto alle altre. Un'intera compagine manageriale fondata su questo comportamento mina alla radice il futuro di un'azienda. L'esempio più esecrabile si ha quando i manager si comportano da politicanti stile pentapartito: ognuno si muove per la sua rendita e nessuno pensa più al bene comune.

La situazione è frequente nelle corporation molto grandi, dove i legami personali sono governati solo dagli interessi di bottega. E in parte è anche giustificabile: è normale che un manager difenda la sua posizione e coltivi possessivamente il suo orticello.

Dietro la parcellizzazione degli interessi, almeno all'inizio del mandato, ci può essere anche la semplice volontà del manager di fare bella figura, ma col tempo un atteggiamento attendista giocato su colpi di fioretto e frasi di circostanza, oltre a essere uno spettacolo orribile per tutti i subordinati, porterà all'impasse, a un equilibrio assoluto che in natura non è contemplato. Qui la strada può essere una sola: il massimo dirigente deve recuperare e gridare a gran voce la visione d'insieme, scendere in campo e obbligare i suoi manager alla decisione. L'alternativa è la crisi di responsabilità, la fuga dei generali nelle retrovie, con gli uccelli paduli che volano rasoterra e le barzellette aziendali sui capri espiatori. La catena è diretta, necessaria e virtuosa: la consapevolezza del ruolo porta all'esercizio della responsabilità; la responsabilità produce credibilità; la credibilità dei manager definisce la credibilità dell'azienda e, come è facile intuire, solo un'azienda credibile può garantire standard elevati di performance e migliorarli. Il medium della responsabilità, in definitiva, è fonte certa di sopravvivenza.

Ascolti correlati
Billy Joel, *Honesty* (*52nd Street*, Columbia, 1978)

Il rubacuori

Autore: *Federico Zampaglione*; Interprete: *Tiromancino* (*2008*)

Questa canzone parla del rapporto tra coscienza ed etica del lavoro.

Nel 2008 Federico Zampaglione, anima-voce-chitarra dei Tiromancino, porta il suo gruppo al Festival di Sanremo. Non che si avverta la necessità: la vena intimista che penetra gli arabeschi musicali cui il suo pubblico è abituato così come la vocalità più intenzionale che belcantistica sembrano parecchio lontane dal palcoscenico dell'Ariston. L'occasione però è ghiotta. Nel settore discografico c'è fermento, le *major label* del disco vacillano in tutto il mondo, la rivoluzione della rete sta per dare il colpo di grazia agli affari milionari della compravendita dei supporti fonografici.

La "voce del padrone" non canta più vittoria, troppo impegnata a leccarsi le ferite per occuparsi della qualità musicale. Una serie di comportamenti miopi, portati avanti con la logica del cartello internazionale, ha bucato le tasche di un mercato che non conosceva crisi dai tempi della grande depressione americana: l'ansia del successo al primo singolo, la rincorsa dell'immagine, il tentativo di imporre cantanti generazionali a ragazzini così giovani da non conoscere nemmeno il senso di una generazione, il continuo allargamento della forbice del profitto praticato tenendo alti i prezzi degli album e riducendo la catena distributiva.

Tutto questo ha fatto sì che il banco saltasse, cogliendo di sorpresa un top management trasversale che ha spesso vissuto di rendita, molto concentrato sui giri di valzer delle poltrone e sempre meno sensibile d'orecchio. Qualcuno, come Eric Clapton, ci vede del buono, nel senso che se un ciclo si chiude un altro si deve per forza aprire. E allora si ricomincerà a fare musica sul serio, a suonare veramente, a ripopolare pub e localini con band piene di cuore e di feeling, mentre una nuova generazione di talent scout rinverdirà i fasti dei compianti John Hammond, Ahmet Ertegün, Sam Phillips, Leonard Chess.

Ma nel frattempo? Ci tocca gestire la crisi, affrontarla e denunciarla. Questo è il proposito di Zampaglione alla vigilia di Sanremo. La musica del brano è onesta, ma aggiunge poco all'arte del gruppo; molto meglio sotto ogni profilo si rivelerà il singolo estivo *Quasi 40*, l'altro brano inedito del live *Il suono dei chilometri*. Ciò nonostante, al di sopra di una musica dalla costruzione tradizionale, con tanto di ritornello dalla cantabilità spiegata, risalta un testo che è tutto un programma. Qui non servono metafore perché il messaggio è esplicito: siamo di fronte a una canzone che parla di management. L'argomento è la crisi del settore discografico, che spinge i consigli di amministrazione ad approvare cospicui tagli al personale. Un colpo durissimo all'immagine di questo business, per vocazione associato all'idea di divertimento, che mostra invece di muoversi seguendo le stesse logiche di un'azienda metalmeccanica o petrolifera. La ferma decisione dei Tiromancino di utilizzare un palcoscenico così vasto per la loro denuncia sociale si traduce subito in una vicissitudine di non facile gestione: la EMI, casa discografica del gruppo, non apprezza l'iniziativa e l'album, a seguito della rottura del contratto di esclusiva discografica, uscirà per l'etichetta indipendente Edel. Così il testo:

> Come mi sento quando arrivo in ufficio
> per licenziare trentacinque persone:
> il modo in cui dirglielo, la faccia da fare
> sono al di là del bene e del male.
> L'azienda non si tocca, l'azienda è al primo posto
> e chi non fa più parte è come se fosse morto.
> Io questo lo so bene e non mi sfiora il rimorso
> mando tutti a casa e mi tengo stretto il posto.

Qui è un manager che parla e il giochetto dei costi/benefici, per il quale la sua azienda avrà scomodato anche qualche guru della consulenza, ha emesso il verdetto: bisogna ridurre i costi e il sistema più rapido è licenziare. Disinvestimento, downsizing, delocalizzazione, fusione, acquisizione, procedure di mobilità, cassa integrazione: termini moderni che malcelano tragedie. E la situazione più incresciosa si verifica quando non si licenzia per evitare il fallimento, ma per investire altrove e reperire nuove fonti di remunerazione del capitale. Qui alla tragedia si aggiunge l'offesa di vedersi scaricati come zavorra da una mongolfiera e di venire sopraffatti da una forza che ha il solo merito di essere infinitamente più potente di noi, come i soldati italiani a El Alamein: "Mancò la fortuna, non il valore". Una dialettica che non avrà mai fine tra la flessibilità pretesa da chi *può* vivere per guadagnare e la stabilità richiesta da chi *deve* guadagnare per vivere. E nella terra di nessuno, tra cavalli di Frisia e mine inesplose, ci sono i manager che devono fare il lavoro sporco, grati per ora di trovarsi dalla parte giusta.

Nella canzone dei Tiromancino il manager se la scrive e se la canta:

> Darò la colpa all'estero dei tagli al personale
> ma in fondo credo sia più che normale
> / … /
> Qualcuno in malafede sicuro dirà
> che io non ho più nessuna dignità.

E col nichilismo del mercenario o del killer prezzolato aggiunge:

> Tanto a me della musica
> non mi frega più niente,
> seguo un'altra politica:
> sono dirigente.
> E non puoi più pensare di me
> troppo liberamente
> che ho cercato il potere
> rovinando la gente.

Nella realtà i manager non sono così cinici, i conflitti di coscienza sono all'ordine del giorno: le persone serie – che non si vergognano di essere serie – riescono anche abbastanza spesso a prevenire il peggio e a trovare soluzioni win-win. Resta il fatto che è tutto da dimostrare che lasciare a casa le persone sia il modo migliore per risolvere i problemi. Perché, estremizzando, un conto è asportare un organo in cancrena da un corpo sano, un altro è asportare un organo sano da un corpo in cancrena. Voglio dire: non è che a volte è solo un maledetto modo per coprire le vere responsabilità? Una politica di recruiting intelligente è quella che prevede tutte le condizioni in cui possono presentarsi degli esuberi e applica la valutazione dei rischi a monte dei processi, non a cose fatte. Altrimenti è inutile parlare di *employer branding*, di fidelizzazione delle risorse e di controllo dei costi del personale. Se l'investimento è sbagliato, perché a pagare deve sempre essere chi è stato investito e non chi ha consigliato l'investimento?

La soluzione c'è ed è quella di coinvolgere costantemente le risorse umane nella definizione dei modelli organizzativi, specializzando il personale interno verso un indirizzo di consulenza aziendale in grado di lavorare sulle dinamiche e sugli svolgimenti, non solo a posteriori. Oltre a far risparmiare gran soldi con società esterne, si garantirebbero all'azienda puntualità ed efficienza nell'allertare e far dialogare tra loro le varie divisioni sulle conseguenze di certe decisioni.

La guerra dell'acqua

Autore: *Ivano Fossati*; Interprete: *Ivano Fossati* (*2008*)

Questa canzone spiega come la semplice esecuzione di un compito soddisfi l'immagine di sé indipendentemente dalla moralità o immoralità del compito stesso.

Nel 2008 Ivano Fossati pubblica *Musica moderna*, un album che segna un garbato ritorno a sonorità nordamericane, con ampio uso di chitarre elettriche suonate tuttavia con misura, volte a rafforzare il tessuto ritmico più che a contrappuntare di incisi e parti solistiche la melodia. Ne risulta un'opera che scorre via agile, più equilibrata di alcuni lavori recenti, complessi e lambiccati, ben accolti dalla critica, ma sicuramente poco accessibili per chi voglia accostarsi solo ora al grande cantautore (vertice di qualità del decennio rimane l'impressione fonografica del tour acustico del 2004, *Dal vivo – Volume 3*).

La canzone di cui ci occupiamo rientra in quel filone caro a

Fossati che riguarda gli «ultimi della Terra», di solito ben rappresentato negli spettacoli live da prove come *Mio fratello che guardi il mondo* (1992), *Pane e coraggio* (2003) e da quella doccia fredda d'umiltà, vero schiaffo della memoria a una società che ha dimenticato la propria storia, che è *Italiani d'Argentina* (1990).

La guerra dell'acqua porta lo stesso titolo di un libro di Vandana Shiva del 2004, scienziata fisica, attivista politica e nota ambientalista. L'argomento non si lascia troppo cercare tra le pieghe del testo: siamo di fronte a una canzone di denuncia sociale che mette a nudo il lato oscuro della globalizzazione. Autorevoli previsioni scientifiche portano a vedere nel bene primario dell'acqua una risorsa del pianeta che nel prossimo futuro è destinata a scarseggiare. Lobby affaristiche e gruppi di pressione sostenuti da potenti corporation hanno già da tempo cominciato a brigare per smantellare tutti i puntelli costituzionali che nel mondo impediscono la privatizzazione degli acquedotti.

Il gioco è più semplice di quanto non si creda: basta che concettualmente l'acqua da *diritto* venga intesa come *bisogno* ed ecco che la si può vincolare alle regole di mercato, sottoponendola alle leggi della domanda e dell'offerta. Se si considera che un'intera tradizione giuridica, che in Occidente trova le sue basi addirittura nel *Corpus juris* dell'imperatore Giustiniano, considera l'aria, l'acqua dolce, il mare come elementi comuni all'umanità e pertanto estranei ai rapporti di proprietà, si capisce in fretta che ci troviamo di fronte a un'aberrazione. L'acqua è indispensabile alla vita, gli organismi viventi sono impregnati d'acqua, i sistemi viventi sono interconnessi mediante l'acqua: il diritto di accedervi è un fatto naturale oltre che sociale. In più l'acqua, tra tutte le necessità umane, presenta una caratteristica unica: non è sostituibile con altri prodotti. In altre parole, non la si può trattare come una merce. Trovate un surrogato dell'acqua e privatizzate quello, ma per favore non cercate di mettere catene ed etichette alle nuvole.

Che lo stato dei lavori sia molto avanzato è dimostrato dalla vicenda di Cochabamba, una cittadina della Bolivia. Nel 1999 un accordo siglato col governo affidò a una holding internazionale il controllo e la gestione dell'acquedotto locale. Per agevolare i profitti della corporation il governo promulgò una legge che vietava alla popolazione di raccogliere non solo l'acqua proveniente dalle fonti naturali come fiumi e lagune, ma anche l'acqua proveniente dal cielo, quella piovana. Le bollette aumentarono del 300% senza che il servizio idrico venisse migliorato. Considerate le condizioni da terzo mondo della popolazione boliviana, ne risultò che un lavoratore di medio reddito si trovò improvvisamente a dover pagare una tassa sull'acqua pari a quasi il 20% del suo stipendio mensile. La popolazione si ribellò e, non prima che qualche dimostrante ci lasciasse la vita, la multinazionale fu costretta a mollare il colpo e il governo a fare marcia indietro. Una vicenda, questa, che al di là del lieto fine rivela come l'incremento dei profitti sia patrocinato dalle corporation quale fine assoluto, in totale indipendenza dalle condizioni ambientali e materiali delle popolazioni a cui si vuole imporre la logica del libero mercato.

Come ben sappiamo, le corporation sono creazioni umane e si servono di uomini per concepire e implementare le loro strategie. *La guerra dell'acqua* cerca di mettere a fuoco la personalità del manager che accetta di farsi ambasciatore delle nuove frontiere dell'economia presso i paesi sottosviluppati. Ne risulta un ritratto parziale e impietoso.

> Per strada ho visto
> l'angelo del bene.
> "Il lavoro mi ripaga" mi ha detto.
> È un cretino di una multinazionale
> a cui le cose vanno diritte.
> / ... /
> È il suo destino:
> vuole stare in cima,
> vuole viaggiare la vita su una limousine.

Possiamo dirglielo, possiamo spiegare
che sui libri di testo non c'è una riga per lui.

La necessità di sintesi imposta dallo spazio della canzone mette a fuoco i tratti salienti del manager: pagato per eseguire un mandato, agisce in vista di un duplice tornaconto, per l'azienda e per se stesso. Non ci sono barriere etiche, c'è un fine e tutti i mezzi sono buoni. Il vincolo della fiducia, della lealtà dei comportamenti, della riservatezza delle informazioni è solo con una delle parti in gioco: dall'altra ci sta il nemico. Ed è proprio questo il punto, perché in casi come la guerra dell'acqua dall'altra parte non ci sta un competitor da annientare, ma un mega-pollo da spennare, addirittura l'istituzione Stato, coi suoi vincoli di reciprocità e solidarietà che le impongono di tutelare anche corpi sociali non produttivi (anziani, bambini, infermi ecc.) e spesso con un prodotto interno lordo inferiore a quello della multinazionale che l'ha messa nel mirino. La guerra non è ad armi pari e così

Per qualcuno sopra questa Terra
una vita decente è rimandata ancora.

L'esempio della guerra dell'acqua è potentemente didattico perché radicalizza i concetti partendo da un dato reale. La riflessione è più o meno questa: è corretta un'ideologia in base alla quale il mondo viene diviso in produttori e consumatori? Perché per quanto si scavi nel passato non si è mai verificato un modello di civiltà siffatto? La giustizia sociale, la speranza di un mondo migliore, la condivisione di un destino comune, la responsabilità verso i disagiati sono tutte beghe da sacrestia, seghe mentali di filosofi che hanno letto troppi libri, o possono giocarsela con la teoria del profitto davanti al tribunale della storia?

Se sei un uomo non dire bugie
Parla dritto agli ultimi della Terra.
Io sono come sono e faccio come posso,
ma mi vergogno di quanto mi costa
un posto dove contare qualcosa.

Per i manager il monito è potente: bisogna mantenere uno sguardo in grado di abbracciare l'intero orizzonte del mercato, perché qui c'è in gioco l'equilibrio globale e a ballare siamo proprio tutti. Ma troppo spesso tutto questo scivola via, coperto dalla schiuma dei piccoli rancori quotidiani: ci roviniamo la salute per dei bonus ridicoli, moriamo d'invidia per il trattamento dell'ultimo arrivato, ci scanniamo per chi ha il biglietto da visita più altisonante, godiamo delle disgrazie dei colleghi, facciamo gli straordinari per farci notare dal superiore, spendiamo tutto in vestiti e complementi per dare l'impressione di essere pagati meglio degli altri ecc. E in queste circostanze a guadagnarci sono solo i Mefistofele del business che speculano sulle precarietà globali trattandoci da utili idioti.

Finché a pagare siamo noi, uomini occidentali agiati e acculturati, perfettamente consapevoli e liberi di decidere quanto del nostro destino affidare a un patto col diavolo, passi; ma quando entra in scena il fenomeno dell'*esternalità*, cioè quando a farne le spese sono soggetti terzi come intere comunità umane che non possono difendersi, allora è il caso di fermarsi nella corsia di emergenza e di "ricalcolare" il percorso.

Fossati è implacabile, e con la costanza di Catone il Censore («*Chartago delenda est!*») ci ripete che

> Se sei un uomo non dire bugie
> Parla dritto agli orfani della Terra.
> La guerra dell'acqua è già cominciata
> in qualche modo e da qualche parte.
> E poi tocca a noi, e poi tocca a noi.

Già, poi toccherà a noi: oggi carnefici, domani vittime.

Ascolti correlati
Rolling Stones, *Sympathy for the Devil* (*Beggars Banquet*, ABKCO, 1968)
Pink Floyd, *Money* (*The Dark Side of the Moon*, EMI, 1973)
Antonello Venditti, *L'uomo falco* (*Sotto il segno dei Pesci*, Philips, 1978)
Francesco De Gregori, *L'agnello di Dio* (*Prendere e lasciare*, Columbia, 1996)

La leva calcistica della classe '68

Autore: *Francesco De Gregori*; Interprete: *Francesco De Gregori* (*1982*)

Questa canzone racconta dell'importanza di incontrare persone che credano in noi.

A quasi tre anni dalla pubblicazione del live *Banana Republic* (con Lucio Dalla) e da *Viva l'Italia*, usciti entrambi nel 1979, Francesco De Gregori dà alle stampe uno dei suoi vinili più noti. Le tre canzoni centrali si ispirano alla vicenda del transatlantico che dà il titolo all'album. *Titanic* presenta delle perle di varia lucentezza come *Belli capelli*, *Caterina* e, come qui interessa, *La leva calcistica della classe '68*. Un pezzo che vede al pianoforte e all'organo Hammond l'amico Mimmo Locasciulli, un salto di tonalità di terza minore ben congegnato tra strofa e chorus, un andamento melodico di potente dolcezza. Il testo ha tutta la pregnanza di un corto cinematografico e un intento descrittivo che ci fa davvero respirare quella

> ... polvere che tira vento e poi magari piove

sul campo di pallone. La canzone mette in contrasto la storia di Nino, un dodicenne col «cuore pieno di paura», impegnato in un campionato calcistico giovanile e che trasforma un calcio di rigore, con l'ipostasi della disillusione, cioè quei

> ... giocatori tristi
> che non hanno vinto mai
> ed hanno appeso le scarpe a qualche tipo di muro
> e adesso ridono dentro a un bar,
> e sono innamorati da dieci anni
> con una donna che non hanno amato mai.

Nelle intenzioni dell'autore il brano metaforizza il crollo degli ideali della generazione che ha partecipato alla contestazione giovanile (il '68 del titolo non è una data casuale) e l'atteggiamento di apatica rinuncia di molti di coloro che vi avevano creduto (viene in mente la provocazione di Eugène Ionesco, che dal suo appartamento parigino gridò ai manifestanti: «Diventerete tutti notai!»).

Dal punto di vista del management l'aspetto da rilevare è relativo al rapporto calciatore-allenatore. Nino è inesperto, apprensivo, sta affrontando un mondo nuovo, pieno di incognite: ha bisogno di qualcuno che gli spieghi cosa è importante e cosa non lo è, che stabilisca per lui delle coordinate di riferimento, gli serve un *mentore*.

> Nino non aver paura di sbagliare un calcio di rigore,
> non è mica da questi particolari che si giudica un giocatore,
> un giocatore lo vedi dal coraggio, dall'altruismo e dalla fantasia.

Nell'Odissea il personaggio di Mentore è la forma umana assunta da Atena, la dea della sapienza, per accompagnare Telemaco nei suoi viaggi alla ricerca del padre Ulisse. Per antonomasia questa figura è poi passata a designare il saggio, il consigliere di fiducia che protegge il giovane (*protégé*) impartendo lezioni di vita e aiutandolo a raggiungere i suoi obiettivi. Nella realtà storica mentori famosi furono Aristotele nei confronti di Alessandro Magno e Seneca nei confronti di Nerone. Nel cinema il rapporto tra *mentor* e *protégé* costituisce il cardine di molte pellicole di successo: ricordiamo almeno Oby-Wan Kenobi e Luke Skywalker (*Star Wars*, di George Lukas, 1977) o il colonnello Trautman e John Rambo (*Rambo*, di Ted Kotcheff, 1982).

In letteratura viene in mente l'episodio della volpe in *Il piccolo principe*, libro scritto da Antoine de Saint-Exupéry nel 1943 (cap. XXI). Sperduto nel deserto, il piccolo principe incontra una volpe che gli tiene una lezione su cosa vuol dire "addomesticare":

> Vuol dire "creare dei legami" [...] Io non sono per te che una volpe uguale a centomila volpi. Ma se tu mi addomestichi, noi avremo bisogno l'uno dell'altro. Tu sarai per me unico al mon-

> do, e io sarò per te unica al mondo [...] La mia vita è monotona. Io do la caccia alle galline, e gli uomini danno la caccia a me. Tutte le galline si assomigliano, e tutti gli uomini si assomigliano. E io mi annoio perciò. Ma se tu mi addomestichi, la mia vita sarà come illuminata. Conoscerò un rumore di passi che sarà diverso da tutti gli altri. Gli altri passi mi faranno nascondere sotto terra. Il tuo mi farà uscire dalla tana, come una musica.

Poi la volpe ricorda al piccolo principe il suo fiore, quella rosa che ha lasciato sul suo pianeta e che tanto amorevolmente curava («Non bisogna mai ascoltare i fiori. Basta guardarli e respirarli...»), e gli spiega:

> È il tempo che tu hai perduto con la tua rosa che ha fatto la tua rosa così importante [...] Tu diventi responsabile per sempre di quello che hai addomesticato.

Per il manager proteggere i collaboratori non deve significare professare un paternalismo spicciolo né giustificarne le mancanze, ma accompagnarli durante l'accrescimento personale, favorendo l'acquisizione delle competenze e della confidenza "vigile" con le proprie mansioni. Il mentore mette in guardia, facilita, prepara, insegna ad autovalutarsi. Il mentore non si impone, non impartisce verità: aiuta i protetti a scoprire da sé la propria strada, empatizzando quanto a registro linguistico ed emotivo. La strada maestra è il dialogo, che funziona a valle della costruzione di un rapporto basato sulla fiducia e utilizza come travi di sostegno il carisma e l'*expertise* del manager. Il mentore reincornicia la situazione, allarga un punto di vista, ragiona sui fatti e educa all'indipendenza. Il mentore motiva all'azione perché aiuta a credere nelle possibilità. Scrive De Gregori:

> Nino capì fin dal primo momento,
> l'allenatore sembrava contento
> e allora mise il cuore dentro alle scarpe
> e corse più veloce del vento.

Quella del mentore è una funzione a termine, nel senso che ognuno deve diventare il mentore di se stesso, e ciò può accadere solo se il manager ha aiutato il collaboratore a conoscersi e a "parlarsi", senza falsi pudori né protagonismi: un percorso di consapevolezza e autocoscienza. E siccome non ha tempo da perdere, il manager deve avere fiuto, puntare sulle persone giuste, dotarsi di una scala di valutazione il più possibile oggettiva e commisurata ai ruoli e ai contesti in esplorazione:

> Il ragazzo si farà, anche se ha le spalle strette,
> questo altro anno giocherà con la maglia numero sette.

De Gregori dice che un giocatore si giudica «dal coraggio, dall'altruismo e dalla fantasia». E se per un manager valessero le stesse regole?

La cura

Autori: *Franco Battiato*, *Manlio Sgalambro*; Interprete: *Franco Battiato* (*1996*)

Questa canzone parla della nostra responsabilità nei confronti delle persone che frequentiamo.

La cura è un brano dall'arrangiamento arioso e raffinato, probabilmente una delle più belle canzoni d'amore mai scritte, che ha restituito grande notorietà a Franco Battiato, suo autore e interprete. Un pezzo che dimostra come la qualità possa andare di pari passo con la classifica. Si apprezza innanzitutto la modalità di accesso al tema: la parola "amore" non compare mai e forse proprio per questo il testo è più pregnante.

> Ti proteggerò dalle paure delle ipocondrie,
> dai turbamenti che da oggi incontrerai per la tua via.
> Dalle ingiustizie e dagli inganni del tuo tempo,
> dai fallimenti che per tua natura normalmente attirerai.

Ti solleverò dai dolori e dai tuoi sbalzi d'umore,
dalle ossessioni delle tue manie.
/ ... /
E guarirai da tutte le malattie,
perché sei un essere speciale,
ed io, avrò cura di te.

Lo stile, che riflette la cultura filosofica del coautore Manlio Sgalambro, proietta l'ascoltatore in una dimensione ideale che colma le aspettative più recondite di un rapporto sentimentale. Coglie l'essenza dell'amore mettendo a fuoco un argomento che nell'amore cerca di trovare la sua pace: l'angoscia del vivere, un argomento per convenzione poco trattato a livello di rapporti sociali o limitato a considerazioni ovvie, come il bisogno di sicurezza economica, ma che in sostanza costituisce il motore del progresso umano e civile. La paura del futuro, della solitudine, dell'instabilità, la percezione del lato oscuro e precario della vita (dalle malattie alle catastrofi naturali), verso l'esterno spingono l'uomo a cercare di migliorare le sue condizioni esistenziali, dando impulso alla ricerca scientifica e alla creazione di istituzioni e prospettive sociopolitiche, verso l'interno lo invitano ad affinare le sue qualità filosofiche e spirituali e a cercare compagnia e sostegno per affrontare il cammino.

La consolazione, spesso illusoria, del rapporto amoroso che a tutti, almeno una volta nella vita, è piaciuto pensare come eterno rende più sopportabile il vuoto esistenziale che le vicende quotidiane ci trasmettono, come onde radio a intermittenza irregolare. Battiato e Sgalambro sono troppo consumati ed esperti per mestare nel torbido e chiariscono le loro convinzioni: l'amore non è la felicità dei Baci Perugina, ma una virtù operativa che rende sostenibile un fardello di fantasmi. Gli amanti sono compagni di viaggio che si giurano capacità d'ascolto e di comprensione assolute:

Ti porterò soprattutto il silenzio e la pazienza.
Percorreremo insieme le vie che portano all'essenza.

Merita una citazione anche *If I Should Fall Behind* di Bruce Springsteen (pubblicata nel 1992, un brano molto caro al Boss che riprenderà in ben tre album dal vivo, nel 1993, nel 2001 e nel 2007, con altrettanti arrangiamenti), dove qua e là viene riscritto in versione profana il formulario matrimoniale cattolico:

> Abbiamo giurato, cara, di viaggiare fianco a fianco,
> amore, di aiutarci l'un l'altro per stare in carreggiata,
> i passi di ogni amante sono così differenti,
> ma io ti aspetterò
> e se io dovessi restare indietro, aspettami tu.

Venendo al mondo del lavoro, al nostro amato manager cosa insegna *La cura*? Partiamo dal termine che agli occhi dei proprietari o degli azionisti qualifica il lavoratore: *dipendente*. Questa parola, che di per sé dovrebbe indicare la semplice designazione di uno status lavorativo, nella prassi quotidiana finisce paradossalmente col descrivere una situazione distorta. Nel senso che di solito è il dipendente a prendersi cura di chi sta sopra e non viceversa. È il dipendente a preoccuparsi se il suo capo a Pasquetta ha fatto il picnic, se la sua cagnetta ha sgravato, se a sua moglie hanno tolto quella fastidiosa verruca sull'alluce e altre, innumerevoli, essenzialissime banalità. Credo non ci sia bisogno di approfondire l'equilibrio di una famiglia in cui sono i figli a occuparsi dei genitori…

Quando invece il top management è dotato di intelligenza strategica può innescare un meccanismo virtuoso e circolare che coinvolge la totalità dell'azienda. Rifacendoci alla descrizione della realtà come modello a rete proposta dal buddhismo risulta chiaro che, in virtù dell'interdipendenza di tutte le cose, badando agli altri, badiamo indirettamente a noi stessi e miglioriamo le nostre condizioni di vita. Sul lavoro ciò accade non solo quando tra dipendenti si promuove la nozione di "cliente interno" (vale a dire avere per il collega la stessa attenzione che si ha per l'acquirente), ma quando nel contesto di un rapporto gerarchico si mette in evidenza la funzione del "prendersi-cura" di chi è *più* dipendente e, per orientamento della cultura aziendale, si spronano i manager a dare l'esempio in questa direzione. Il dipendente ha il *diritto* di essere seguito e valutato, il manager ha il *dovere* di seguire e valutare. Le aziende migliori sono quelle dove si fa sviluppo, dove si promuove dall'interno, dove si creano opportunità che vanno a beneficio di chi ha talento. Il rispetto delle reciproche aspettative genera benessere e profitto.

L'organizzazione umana più longeva della storia, la Chiesa cattolica, ritrova il suo elisir di giovinezza nella corretta interpretazione del concetto di prendersi-cura facendo "circolare le élite", cioè selezionando per gli altissimi ranghi della carriera ecclesiastica coloro che considera di volta in volta i migliori elementi, senza badare alla provenienza familiare e socioeconomica. Questo per i manager è un esempio importante: l'organizzazione vincente è quella che applica anzitutto al suo interno il meccanismo di selezione centrato sul merito. Il concetto di prendersi-cura, lungi dall'essere confuso con un atteggiamento indulgente, dimostra come attraverso l'esercizio di un comportamento virtuoso e lungimirante si possa creare valore a partire dalle persone.

> Conosco le leggi del mondo e te ne farò dono

canta Battiato. Nessun manager può arrivare a tanto, è ovvio. Ma tutti i manager hanno imparato qualcosa *prima* di chi prende ordini da loro. Si tratta solo di convincersi di buon grado a metterlo a disposizione.

Ascolti correlati

Simon and Garfunkel, *Bridge over Troubled Water* (*Bridge over Troubled Water*, Columbia, 1970)
John Lennon, *Stand by Me* (*Rock'n'Roll*, Apple, 1975)
Enrico Ruggeri, *Prima del temporale* (*Peter Pan*, CGD, 1991)

8. Potere

Per il manager il confronto col potere è in assoluto la prova più difficile, perché è un confronto con la nostra parte più oscura: la vertigine che si prova di fronte alla possibilità di imporre regole, giudicare, imprimere un corso alle cose si traduce spesso in una tentazione capace di far vacillare anche le menti più pacate. Diventa allora necessario fare appello a un tipo di equilibrio interiore che difficilmente può essere scoperto in anticipo e che prescinde dai titoli di studio e spesso anche dalle esperienze sul campo.

Per un caso di leadership positiva se ne affrontano molti problematici. *Shakleton* di Franco Battiato evidenzia l'intreccio tra potere ed etica della responsabilità, sottolineando il nesso inscindibile tra l'obiettivo di un'impresa e le persone che lo rendono possibile. Anche di fronte a un fallimento chi fa il proprio dovere deve essere salvato.

Alessandro e il mare di Roberto Vecchioni indaga la psicologia del condottiero macedone e in un impeto di lirismo affianca l'immenso potere accumulato in pochi anni con l'infanzia ferita di un futuro "numero uno", alla ricerca delle ragioni nascoste di una brama senza pace.

Un giudice di Fabrizio De André indaga il tema dell'abuso di potere e ne collega la genesi a come il potente rielabora la sua storia personale, a come risponde a un torto servito dalla natura istituendo un contrappasso che non è il parto di una giustizia assoluta, ma il vagito di un arbitrio personale.

Eppur si muove di Carmen Consoli denuncia l'arroganza del potere istituzionale che non si limita ad agire in base a una legittimazione ufficiale, ma per garantirsi l'autoconservazione ricorre alla coercizione totalitaria, stimolando sensi di colpa e annientando personalità.

Shakleton

Autori: *Franco Battiato, Manlio Sgalambro, Carlotta Wieck* (testo in tedesco); Interprete: *Franco Battiato* (*1998*)

Questa canzone affronta il tema delle responsabilità connesse col ruolo che siamo chiamati a occupare.

Gommalacca è un album convincente. Raffinato e colto quanto a testi e musiche, con brani come *Shock in my town*, *Auto da fé*, *Il ballo del potere*; quanto ad arrangiamenti e tessitura ritmica vanta una cifra radiofonica che gli ha garantito una persistenza longeva nelle classifiche e nella memoria musicale dei fan. Morgan al basso, Andrea Pezzi voce recitante, Manlio Sgalambro questa volta anche al pianoforte (in *Casta diva*), *Gommalacca* fonde cantabilità e sperimentazione creando equilibri efficaci. *Shakleton* (o *Shackleton*, secondo la grafia corretta, come apparirà nel live *Last Summer Dance*, 2003) è il brano che chiude l'album. Qui la forma canzone è totalmente superata: ci troviamo di fronte a 8 minuti e 32 secondi di montaggio musicale, che spaziano dalle sonorità grammofoniche ai campionamenti sillabici, passando per vocalizzi orientaleggianti e recitazioni da tregenda.

Il testo narra l'impresa che ha consegnato al mito Sir Ernest Henry Shackleton (1874-1922). Si tratta dell'Imperial Trans-Antartic Expedition (1914-16), meglio nota come spedizione Endurance, dal nome della nave di cui Shackleton era comandante. Il nome dell'inglese Shackleton trova posto accanto a quello dei grandi esploratori del primo Novecento, come Roald Amundsen, Robert Falcon Scott e l'italiano Umberto Nobile, continuatori di quella tradizione di esplorazione scientifica attraverso le cui scoperte e primati i nazionalismi ottocenteschi dispiegavano segnali di potenza e ansie di progresso. Nel caso dell'Endurance l'obiettivo era l'attraversamento dell'Antartide, dal mare di Weddel al mare di Ross, passando per il Polo Sud. L'impresa fallì, ma gli eventi che la contraddistinsero rivelarono il carattere e la forza d'animo di un vero leader: Shackleton.

L'Endurance partì da Plymouth il 9 agosto 1914; dopo alcuni mesi, all'inizio del 1915, l'imbarcazione rimase attanagliata nel *pack* del mare di Weddel. Nel novembre dello stesso anno il ghiaccio stritolò e distrusse la nave. I 28 membri dell'equipaggio, a bordo di alcune scialuppe, ripararono sull'isola di Elephant, luogo impervio, inospitale e disabitato, dove le possibilità di essere salvati erano praticamente nulle. Dinanzi all'incombere della tragedia Shackleton tentò l'impossibile: con un manipolo di uomini intraprese un viaggio di 800 miglia marine su una barca lunga sette metri, affrontando venti che spiravano a 60 km/h e onde più alte della barca stessa. La destinazione era la Georgia Australe, terra di postazioni baleniere. Il piccolo equipaggio stivò provviste per quattro settimane – il tempo che si diede per vivere o morire – e dopo diciassette, incredibili giorni riuscì ad attraccare. Shackleton prese con sé due uomini e ingaggiò una marcia di trentasei ore (compiendo la prima traversata della Georgia del Sud), aprendo sentieri attraverso montagne innevate e sconosciute fino a Stromness, la stazione da cui rapidamente organizzò coi balenieri le operazioni di salvataggio dei marinai dell'Endurance. I marinai, intona Battiato:

> Per sopravvivere furono costretti a uccidere i loro cani,
> per sopravvivere.
> Ma il 30 agosto 1916, il leggendario capitano
> compariva a salvarli con un'altra nave.

Sì, l'audace Shackleton ce l'aveva fatta: tutti i suoi uomini erano salvi. Certo, l'attraversamento dell'Antartide non era andato a buon fine, ma col senno di oggi, smessi i panni degli imperialismi che soffocavano il mondo durante la grande guerra e smascherate le ciniche inettitudini di tanti generali (si veda per tutti *Orizzonti di gloria*, di Stanley Kubrick, 1957), l'idea di un uomo che non si dà per vinto e per salvare i propri uomini sfida le avversità

> Una catastrofe psicocosmica
> mi sbatte contro le mura del tempo

acquista un alto valore simbolico. Qui sono in gioco il riconoscimento del valore, del sacrificio, della sottomissione a un ideale davvero umanistico, la differenza tra il pietismo e la virilità, il senso morale che affratella e fa riconoscere i pari. In Shackleton c'è coraggio, c'è orgoglio, ma soprattutto c'è consapevolezza. C'è l'intima convinzione che senza il riconoscimento dei suoi uomini un leader non vale niente. Se mancano le capacità di allineare, di influenzare, di motivare, di sviluppare, il leader non è un leader. Ricevi perché dai, fanno perché fai, ascoltano perché ascolti: questa è leadership sostanziale, niente a che vedere con i galloni della forma.

Cosa insegna il capitano Ernest Henry Shackleton ai manager d'oggi? Forse tutto e niente. *Tutto* perché rappresenta un esempio storico e non artefatto di come la leadership agisce nel concreto, *niente* perché per la maggior parte dei manager quella della leadership è una preoccupazione più che secondaria. D'accordo che a livello di formazione si tratta di uno dei temi più diffusi e apprezzati: svolto da tutte le angolazioni possibili, si presta facilmente alla spettacolarizzazione dei concetti attraverso l'uso di racconti, filmati ed esercitazioni, avvantaggiato dal fatto che le tematiche legate al potere solleticano l'attenzione spontanea di più o meno chiunque si trovi a gestire delle persone. Tuttavia la stretta connessione con la capacità di creare una vision, di tracciare una rotta, di dare l'esempio tenendo fede agli impegni presi verso le mete supreme, nel mondo aziendale risulta essere prerogativa di poche persone: in primo luogo dell'imprenditore, cioè di colui che rischia del suo mettendoci i soldi di famiglia; poi, in base alle dimensioni dell'azienda, dell'amministratore delegato e infine del management di medio livello, quello che ottiene risultati promuovendo il gioco di squadra e facendo leva su particolari dinamiche di relazione (anche qui però bisogna operare una distinzione, ad esempio tra industria e servizi, tra ambienti storicamente legati a concezioni tayloristiche e ambienti più vicini alla nuova economia: nel primo caso, in genere, la "posizione" sopravanza il "fatto").

Ma tra il CEO e il middle management spesso si constata l'esistenza di una classe di burocrati del potere che sembra tanto poco focalizzata su come esercitare la propria funzione quanto invece lo è su come fare per mantenerla all'infinito. Per queste persone non si torna indietro e vale tutto: perché le regole le fanno loro.

La cosa spiacevole è che questa logica, come accadeva in alcune caserme di leva col fenomeno del nonnismo, è promossa dal sistema stesso. Alcuni studiosi, anni fa, hanno coniato la definizione di "potere senza proprietà", volendo significare che molti top manager riescono a esautorare gli azionisti dal reale controllo del business e a massimizzare i propri profitti anziché quelli dei detentori del capitale. Ciò accade, ad esempio, quando i top manager riescono a far approvare dei piani incentivi legati all'espansione delle dimensioni dell'impresa, anziché all'incremento degli utili, accrescendo il loro status ma impoverendo le casse dell'azienda. Per fare un esempio, acquisire aziende in perdita incrementa comunque il patrimonio della corporation e quindi il prestigio di chi lo gestisce; allo stesso modo ingrassare gli organigrammi indipendentemente dal valore e dalla necessità del personale assunto corrisponde comunque a un aumento di potere da parte di chi sta al vertice della divisione, perché controlla più teste.

Il burocrate del potere ha fondato una casta e nel nome della rendita che gli deriva dall'occupare questa o quella posizione non esita a tessere trame, a scompaginare alleanze, a saltare fossi e a pugnalare allegramente. Non ha tempo per occuparsi di chi sta sotto, tranne quando, colto da ameno sadismo, non perde occasione per ricordargli che lui è dirigente, l'altro no. Ciò avviene quando si arroga piccoli e grandi privilegi, dimostrando che lui può forzare il sistema senza che nessuno si permetta di dirgli niente. Qualche esempio? Non timbra la presenza in ufficio, parcheggia dove non si può, salta la coda alla mensa aziendale, si esprime in modo triviale, mette i piedi sulla scrivania, impone un clima confidenziale senza che ci siano le condizioni e cerca di differenziarsi anche nei più piccoli particolari: il cellulare di quel colore deve averlo solo lui, così come il pc più piccolo, i prototipi o i gadget più assurdi, mentre l'auto aziendale non basta più che sia di un certo segmento, deve possedere anche qualche improbabile optional ipertecnologico e completamente inutile (secondo la teoria di Thorstein Veblen, un acuto economista, quanto più si dimostra di essere circondati da cose inutili, tanto più si attestano il proprio potere e il proprio prestigio). Per non parlare dello stipendio, la cui differenza rispetto al livello inferiore non è praticamente mai suffragata da una reale proporzione nelle capacità. Se glielo fate notare, risponderà che gli viene pagato il potere di firma; ma a un'osservazione neanche troppo attenta risulterà chiaro che la casta dei burocrati del potere ha saputo creare un sistema di deleghe, specchi e muri di gomma per cui la colpa non è mai sua, ma sempre del primo riporto. Quando succede qualcosa che non doveva succedere ecco che il burocrate del potere riesce ancora a farsi passare per quello che per troppo buon cuore ha assegnato un compito a chi non era ancora maturo per portarlo a termine. E si vedrà costretto, suo increscioso malgrado, a cooptare nella sua corte qualche altra futura vittima designata.

Un uso meschino del potere è un uso meschino della responsabilità. Sia utile allora la consolazione che queste persone amministrano il potere nella paura di perdere i privilegi acquisiti e, in quanto mediocri nel profondo e votati al donabbondismo, sono fondamentalmente deboli perché sostituibili come commodity.

Con buona pace dell'audace Shackleton, i forzati del privilegio esisteranno sempre, ma il vero leader d'azienda farà in modo di evitare che la loro gramigna ammorbi e soffochi il verde prato del talento: se in un'azienda prolifera la burocrazia del potere, la paralisi organizzativa e la stagnazione delle idee passeranno presto o tardi alla cassa, imponendo l'azzeramento dei vertici. Pararsi le terga è il mestiere più antico del mondo, ma il mercato ha leggi ferree: dall'aristocrazia francese dell'Ancien Régime alla borghesia cubana di Batista la storia insegna che l'inerzia è un'astuzia a termine.

> Dimmi perché
> senza pensiero
> erro
> in un giardino perduto.
> Dimmi perché
> una risposta
> per favore non tacere.

Più è grande l'azienda e più il CEO deve essere consapevole che conosce l'azienda per *come* qualcuno gliela vuole far conoscere, e lo stesso vale nel rapporto CEO-shareholder. Più che limitare gli effetti della casta, allora, l'azienda farebbe bene a evitare che questa si formi. Le soluzioni possono essere: rendere oggettive le responsabilità dei singoli ruoli fin dall'assunzione così che il modo di lavorare possa essere in ogni momento radiografato con precisione; istituire un sistema in cui le varie figure possano controllarsi a vicenda esercitando un sistema di veti incrociati che sostanzialmente obbligherebbe i manager a lavorare di concerto; valutare le modalità di conseguimento dei risultati in rapporto alla cultura aziendale; impedire che certe figure manageriali siano le uniche preposte a certificare una diagnosi organizzativa (troverebbero sempre il modo di dare la colpa a qualcun altro).

Una leadership centrata sulla promozione della fiducia e non soltanto apprezzata per dei numeri da esibire al momento opportuno permette di passare al vaglio il management su un piano qualitativo, mettendo al riparo da ammutinamenti silenziosi e assicurando in tempo reale l'equipaggio sulla rotta che si sta percorrendo e sugli sviluppi del viaggio.

Alessandro e il mare

Autore: *Roberto Vecchioni*; Interprete: *Roberto Vecchioni* (*1989*)

Questa canzone indaga il rapporto dell'uomo con l'ambizione e il potere.

Nel 1989 Roberto Vecchioni, cantautore dalla prolifica regolarità, dà alle stampe *Milady*, un album che in ossequio all'uso del tempo fa largo uso di tappeti di tastiere e programmazioni elettroniche. A farla da padrone in compenso sono i testi, vestiti col gusto raffinato dell'uomo di lettere che fa delle parole un gioco sottile, aggiungendo musica alla musica in un controcanto di rimandi crepuscolari dotti e profondi. *Alessandro e il mare*, posta in apertura dell'album, racconta con intimismo lirico un particolare momento della vita di Alessandro Magno.

Giudicato già dagli antichi come il più grande condottiero di tutti i tempi, Alessandro, nativo della regione greca di Macedonia, nella sua breve vita (morì a 33 anni, visse dal 356 al 323 a.C.) portò la sua gente alla conquista di quasi tutto il mondo conosciuto, unificando le *polis* greche, assoggettando Egitto e Asia Minore, sbriciolando l'impero persiano e così vendicando i lutti inflitti ai greci nel secolo precedente (il sacrificio degli spartani alle Termopili, il rogo di Atene ecc.). Si spinse a Oriente fino alle foci del fiume Indo, ovunque tessendo trame e alleanze con sorprendente astuzia (eredità della madre Olympia, devota a Dioniso) e creando attorno a sé un'aura di leggenda per via del suo carismatico coraggio in battaglia (eredità del padre Filippo, ottimo stratega e organizzatore di eserciti). Fondatore di città e intermediario culturale, Alessandro promosse la nascita della cosiddetta civiltà ellenistica (che durò fino alla conquista romana): incontro fruttuoso e crogiuolo artistico, scientifico e filosofico delle culture che si trovarono a convivere sotto la dominazione macedone. Esempio insuperato di questa mirabile operazione del sapere antico fu la fondazione della biblioteca di Alessandria d'Egitto, che in epoca successiva andò completamente distrutta da un incendio in circostanze mai del tutto chiarite.

La figura di Alessandro, saccheggiata dagli esperti di management almeno dal 2004 – l'anno di *Alexander* (il discusso colossal hollywoodiano di Oliver Stone) –, contende a Cesare e Napoleone la palma dell'uomo d'armi più citato nelle sale training di tutto l'Occidente. Vecchioni però non si lascia abbagliare dai numerosi episodi narrati con tono agiografico dai biografi antichi e riguardanti il rapporto del re coi suoi soldati: preferisce concentrarsi sul privato, inseguendo una dinamica psicologica al limite del freudiano. Già nel 1978 in *Stranamore* (*Pure questo è amore*), uno dei suoi maggiori successi, il professor Vecchioni, probabilmente non immune dalla lettura di *Alexandros* di Giovanni Pascoli (dai *Poemi conviviali*, 1904), così si era occupato di Alessandro:

> Ed il più grande
> conquistò nazione dopo nazione
> e quando fu di fronte al mare si sentì un coglione
> perché più in là
> non si poteva conquistare niente:
> e tanta strada per vedere un sole disperato
> e sempre uguale e sempre
> come quando era partito.

L'uomo più potente del pianeta, dopo anni di furibonde battaglie, ferite quasi mortali, clamorose vittorie, si ferma a pensare e, solo e sgomento, si trova a confrontarsi con l'infinita vanità del tutto. Undici anni dopo, in *Alessandro e il mare*, Vecchioni racconta il suo perché. Alessandro da bambino era vissuto negli agi dei privilegi regali. Più fortunato degli altri bambini, anche per lui vigeva un divieto: non poteva giocare nella fontana coi pesci. Giunto all'apice della potenza ecco che là dove «la terra sfuma e si profonda» (Pascoli), cioè la riva del mare, la ragione del demone della smaniosa, incessante, tremebonda conquista che da anni lo perseguita gli si manifesta innanzi come in un sogno a occhi aperti:

E tornava bambino,
e tornava bambino,
quando stava da solo a giocare nei viali
di un immenso giardino;
la fontana coi pesci
dai riflessi d'argento,
che poteva soltanto guardarla,
mai buttarcisi dentro.

Il sogno continua e Alessandro, seguito dai suoi soldati, si lancia a cavallo nel mare:

E il cuore, il cuore gli batteva addosso
come una donna che si va a sposare
/ … /
E mentre si voltava indietro
non aveva niente da vedere;
e mentre si guardava avanti
niente da voler sapere;
ma il tempo di tutta una vita
non valeva quel solo momento:
Alessandro, così grande fuori,
così piccolo dentro.

L'immagine è potentissima, non solo per la forza evocativa della descrizione – un intero esercito che si getta nel mare seguendo il proprio comandante – ma soprattutto per come indaga la brama di potere e per come la sostiene attraverso un episodio apparentemente banale (è normale che un genitore vieti a un bimbo di avvicinarsi a una fontana), che per il diretto interessato può significare moltissimo.

Traslata nel management, questa metafora non spiega tutto, ma certamente riflette bene cosa grida dall'inconscio di molte persone che si dannano la vita per emergere, per diventare dei numeri uno, per sfidare se stessi, quasi fossero posseduti da un destino cieco che li spinge dalla polvere all'altare e poi ancora giù e poi ancora su, come su una teleferica impazzita. Qui abbiamo a che fare coi manager gestiti dall'*ombra*, la loro parte oscura che come un virus attende vigile il terreno opportuno per manifestarsi: una situazione di stress o – è il nostro caso – l'ebbrezza del potere, quell'assenza di gravità che permette di muoversi senza incontrare resistenza.

La situazione ha del patologico perché lo spirito competitivo non si limita a esercitarsi contro il mercato o il collega ben equipaggiato: il manager il nemico se lo trova dentro, diventa rivale di se stesso, si ostacola da solo, si fa pietra d'inciampo e si limita nelle realizzazioni, perdendo l'oggettività e assolutizzando la parzialità fino all'ossessione paranoide. I processi inconsci diventano i vettori che agiscono il comportamento del manager, servendosi del carisma o delle competenze consapevoli per soddisfare i propri impulsi, spesso maturati in un lontano passato col quale non si ha mai avuto la lucidità o la forza di combattere.

La descrizione migliore di questo stato mentale si ritrova in *Quarto potere* (1941), il capolavoro di Orson Welles. Il film racconta la storia di Charles Foster Kane, magnate dell'editoria americana, squassato nella sua capacità di amare da un trauma infantile: l'allontanamento dai genitori. Kane, erede per parte di madre di una miniera d'oro abbandonata, passa la sua vita godendo dell'accumulo. Ma anche nel successo e nella popolarità nulla gli scalda veramente il cuore perché Kane mette cose e persone sullo stesso piano, non distingue né accoglie, semplicemente possiede. E più diventa potente, più rimane solo. Più invecchia, più ritorna bambino.

Il film inizia con un espediente che fornisce il destro alla narrazione. Un giornalista indaga sul significato dell'ultima parola pronunciata da Kane sul letto di morte: Rosabella (Rosebud, in inglese). Parte da qui una serie di flashback durante i quali si incontrano i personaggi chiave della vita del magnate e si ha tutto il tempo e il modo di cogliere la psicologia del protagonista. Il film sembra concludersi senza che il mistero di Rosabella venga risolto. Ma ecco che nell'ultima scena (che si svolge a Candalù, la reggia di Kane) si vedono alcuni operai buttare nel fuoco vecchi oggetti, nel tentativo di fare un po' d'ordine tra le tante cianfrusaglie, cimeli e reperti artistici che fanno parte dei possedimenti del magnate. La cinepresa stacca sulla fornace e all'interno si scorge una vecchia slitta, quella con cui il piccolo Kane giocava in montagna, prima che i genitori lo dessero in affidamento. L'inquadratura zooma sul giocattolo e, prima che le fiamme se lo portino via, gli occhi dello spettatore fanno in tempo a leggervi sopra la sospirata parola: Rosabella. Nessuno se ne accorge, Kane è solo anche nella morte.

Anche Kane, come Alessandro,

> così grande fuori,
> così piccolo dentro.

Quello che siamo stati, un po' lo saremo per sempre.

Un giudice

Autori: *Fabrizio De André*, *Giuseppe Bentivoglio*, *Nicola Piovani*;
Interprete: *Fabrizio De André* (*1971*)

Questa canzone parla della difficoltà di esprimere valutazioni corrette a causa delle inferenze inconsce che condizionano la capacità di essere obiettivi.

L'*Antologia di Spoon River* di Edgar Lee Masters, pubblicata a New York nel 1915, è una di quelle tappe obbligate nella formazione scolastica dei giovani a cui di solito si legano ricordi positivi. L'efficacia dei ritratti biografici degli "ospiti" di un cimitero della provincia americana, tutta centrata sul compito di mettere alla berlina vizi, virtù, maldicenze, ipocrisie della piccola borghesia puritana, col suo lascito di meschinità e morbosità quotidiane, funge da trampolino critico per un lettore a cui va stretto l'ambiente in cui sta crescendo. Nei paesi tutti sanno tutto, tutti spiano tutti attraverso le persiane socchiuse: chi cova progetti segreti, chi medita vendette, chi consuma tradimenti, chi vive una vita non sua, chi deplora rinunce e aspettative frustrate.

Fabrizio De André è nato a Pegli, un quartiere di Genova, divenuto tale per via dell'espansione urbanistica dell'area metropolitana, ma di fatto un paese con tutte le caratteristiche dei paesi. Come Edgar Lee Masters, Fabrizio certe cose le ha viste e sofferte: quel senso di impotenza, inconsistenza e differenza di fronte a un microcosmo soffocante, dove in superficie non succede nulla, ma dietro le quinte si agita una realtà schizofrenica, ingovernabile, inaccettabile e imperdonabile perché illogica, amorale e menzognera. Il disagio di Fabrizio è il disagio di tutti i lettori dotati di nerbo.

È così che, intorno ai 30 anni, De André rilegge la vecchia traduzione dell'*Antologia* di Fernanda Pivano (datata 1943) col proposito di farne uno strale contro la borghesia italiana. Convoca per i testi Giuseppe Bentivoglio, per le musiche un giovane e già maturo Nicola Piovani (futuro premio Oscar per la colonna sonora di *La vita è bella*, 1999), e distilla un concept album a sei mani, dove alcune poesie vengono riadattate e trasformate in paradigmi di tipi umani universali. Proprio come il libro da cui trae ispirazione, anche l'album *Non al denaro, non all'amore né al cielo* può essere considerato un'opera di formazione, tanti sono gli spunti originali e di buon gusto: gli arrangiamenti spaziano dal barocco italiano alle suggestioni psichedeliche mentre i testi, metricamente compatti, asciugano i concetti in tonalità vivide e atemporali.

La canzone che meglio ha retto all'incedere degli anni è *Un giudice*, un ritratto calzante declinato su un arpeggio di chitarra a sua volta sostenuto dal tamburellare preciso di una linea di basso che spacca i quarti di battuta. La canzone sarà ripresa nello storico album live con la PFM (1979), arrangiamenti di Franco Mussida, e rivive oggi nella buona reinterpretazione di Morgan (2005). Il brano racconta di un uomo di bassa statura, cresciuto nello scherno e nella fanghiglia dei luoghi comuni:

> Cosa vuol dire avere un metro e mezzo di statura
> ve lo rivelan gli occhi e le battute della gente…

Il pregiudizio diventa condanna e dalla condanna nasce l'offesa:

> … un nano è una carogna di sicuro,
> perché ha il cuore troppo, troppo vicino al buco del culo.

L'uomo matura rancore e la voglia di rivincita lo porta a studiare fino a imboccare la strada di una professione che lo renderà più alto di tutti:

> Giudice finalmente, arbitro in terra del bene e del male.

A questo punto i rapporti di forza si invertono:

> E allora la mia statura non dispensò più buonumore
> a chi alla sbarra in piedi mi diceva "Vostro Onore"
> e di affidarli al boia fu un piacere del tutto mio…

C'è qualcosa di drammatico in questo profilo: il ragazzo non sceglie il lavoro in base a un'inclinazione, ma per rifiutare una condizione. La carica, socialmente riconosciuta, diventa un espediente per consumare vendetta, il potere non appaga, la solitudine si fa abissale, l'obiettività si piega di fronte all'urgenza pulsionale. Ma dall'invidia nasce un senso di colpa che lo tormenta e alla forza fa da contraltare la paura: la tracotanza in pubblico, il tormento in privato, il dubbio che il "dente per dente" porti a una tragedia ancora più grande di quella inflittagli dalla natura matrigna. Così conclude De André:

> ... prima di genuflettermi nell'ora dell'addio,
> non conoscendo affatto la statura di Dio.

Il giudice ha perso il centro, la sua statura è diventata la misura di tutte le cose, una paranoia legalizzata. Il venir meno della deontologia scatena una lotta intestina che è tanto più viva quanto più il giudice è intelligente e consapevole di non riuscire a rinunciare a un certo comportamento. Il povero nano è uscito dalla prigione della società per entrare nella sua.

Da Spoon River alla corporation, così come dal giudice ad alcuni manager, il passo è breve. Quanto più le gerarchie sono codificate e i rapporti interpersonali formalizzati, tanto più i colpi di scena sono in agguato. Nel mondo del lavoro si sperimenta a malincuore che la maggior parte dei problemi relativi al benessere organizzativo dipende dal fatto che è il sottobosco delle relazioni informali a stabilire un'assunzione, una retribuzione, un premio, un avanzamento di carriera. E questo avviene proprio dappertutto. Non c'è valutazione della performance che tenga: la barca sta in piedi lo stesso. Ogni manager sa di potersi concedere una percentuale di zavorra e ne approfitta per piazzarci parenti, amichette/i o persone a cui deve un favore. La raccomandazione nasce con l'azienda, è il vizio d'origine dell'organizzazione. Ma ancor più della raccomandazione, che comunque inchioda il manager a una responsabilità di tipo razionale (nel senso che è l'esercizio della convenienza), è il favoritismo il vizio che fa saltare il banco dell'equità interna, perché spesso si mostra come l'esito di un'inferenza inconscia, il frutto di una *liason* simpatica o di una vicinanza psicologica: può sfuggire al governo della ragione e quindi al controllo consapevole del manager che lo pratica e crollare di fronte alla richiesta di giustificazioni.

L'economista e sociologo Vilfredo Pareto (morto senatore del Regno d'Italia nel 1923), mise a punto la sua teoria dei *resi-*

dui e delle *derivazioni*, ai nostri fini esplicita: l'uomo agisce in base a istinti e sentimenti (*residui*), avendo cura di vestire l'azione con una pretesa di logicità (*derivazioni*). Come dicevano gli antichi romani: "*fac et excusa*" (agisci e trova una giustificazione). Inquadrata da questa prospettiva l'organizzazione si configura come il regno dell'ambiguità. È il caso della piccola-media impresa, quando gli avanzamenti e le stroncature di carriera dipendono dal gradimento capriccioso della moglie dell'imprenditore; o di tante corporation, dove la lontananza dalla casa madre ispessisce le zone d'ombra e permette ai manager di compiere tante piccole, egoistiche nefandezze che certamente sarebbero biasimate dagli azionisti.

In Italia, poi, sono i manager stessi a sostenere che la meritocrazia è un optional. Sembra di vederli, certi consigli di amministrazione o *group directors*, pontificare sul bene e sul male, tracciare giudizi sommari e valutare i dipendenti in base alla conformità alla loro morale. Il potere muta la maschera, ma il volto non si sciupa. Se una volta il prelato ecclesiastico intimava sottomissione nel nome di Dio, oggi il top manager pretende obbedienza nel segno del brand. Non c'è differenza tra *ragion di Stato* e *ragion di corporation*: dietro gli obblighi della fedeltà esiste sempre la possibilità che qualcuno nella posizione giusta ne tragga un vantaggio personale.

E la situazione peggiore non si verifica quando si usa il potere a scopo di arricchimento illecito – in questo caso ci sono le leggi a tutelare i cornuti azionisti e i mazziati dipendenti – ma quando si scopre che il potente è mosso da oscuri meccanismi psicologici: col riaffiorare di traumi, esperienze negative, libidini di ogni risma. In questo caso non esistono tutele: siamo in regime di assolutismo, dove il Principe è etimologicamente sciolto (*ab-solutus*) dai vincoli di una legge che è lui stesso a imporre. È il gioco degli specchi, una prigione psichica dove i cavalli diventano senatori (Caligola), i nemici si mangiano arrosto (Bokassa), ai filosofi come Severino Boezio si stritolano le meningi (Teodorico).

Ma anche dove non si vuole arrivare allo scempio la razionalità fa difetto. Pensiamo a quanto sia umano e comune al lavoro circondarsi di persone con una sensibilità affine alla nostra, oppure a quanto tendiamo a valorizzare un collaboratore che ci ha risolto un paio di problemi non già per le sue capacità, ma per i nostri limiti: in entrambi i casi non significa che siano necessariamente le persone giuste al posto giusto. Questi casi, tanto frequenti quanto veniali, pur nel rispetto dell'etica e della buona fede incrinano anche il proposito di razionalità ed equidistanza dei manager migliori.

Tornando al giudice di De André, è subito chiaro che non è mosso dalla razionalità, ma dall'invidia. Il nano non è realmente padrone delle sue azioni, non governa la sua etica, ha un obiettivo personale che ammanta di prestigio togato e in questo senso diventa l'osceno paradigma dell'abuso di potere, perché la sua performance non la valuta nessuno. Schiavo della schiavitù che impone, vive nell'angoscia del giudizio divino, vittima del karma e dei suoi demoni personali. Esiste un antidoto? Se c'è è quello di imparare a conoscere se stessi, accettarsi, convivere con quello che non siamo potuti diventare e ogni tanto farsi una bella risata. Lasciare pazientemente entrare la vita, che risponde sempre a chi la sa interrogare.

Ascoltati correlati
Tom Waits, *The Piano Has Been Drinkin' (Not Me)* (*Small Changes*, Asylum, 1976)
Decibel, *Contessa* (*Vivo da re*, Spaghetti Records, 1980)

Eppur si muove

Autore: *Carmen Consoli*; Interprete: *Carmen Consoli* (*2002*)

Questa canzone parla del senso di colpa che le istituzioni sono in grado di instillare pericolosamente in chi non si adegua alla cultura dominante.

Nel 2002 Carmen Consoli pubblica *L'eccezione*, un album che si proietta rapidamente ai vertici delle classifiche di vendita. L'album, di cui uscirà anche una versione inglese, muove da un ampio spettro di suggestioni ritmiche e stilistiche giocate su tessiture armoniche non convenzionali, come è nello stile della cantautrice. I testi costituiscono una buona prova di maturità, fotografando situazioni originali che riflettono un gusto per la narrazione tipicamente letterario, al limite dell'autonomia dalla musica. La sensibilità femminile esplora le malinconie e le intimità dei personaggi, restituendo ritratti garbati e fortemente partecipati: immagini non convenzionali, anche nel linguaggio usato, che trasformano in piccoli atti di eroismo le tribolazioni quotidiane. Cantautrice dalla forte impronta personale sia nella scrittura sia nel cantato, Carmen attraversa musicalmente le spiagge di Bahia come i garage di Seattle, verniciando gli stimoli musicali di flash, meditazioni filosofiche, "simpatie" che suggeriscono spontaneità nella ricerca interiore e una certa confidenza con la flemma psicologica e tagliente della grande letteratura siciliana.

Eppur si muove si svolge su un incedere di chitarra elettrica che suona molto Rickenbacker (la chitarra cara a Beatles, Byrds, Creedence Clearwater Revival, Tom Petty, REM), così cristallina e algida come lama di ghigliottina al sole, per poi concludersi con piroette musicali arabeggianti (probabile allusione ai nuovi oscurantismi?). È una canzone contro tutte le repressioni culturali, che – senza mai nominarla direttamente – prende a modello negativo di ogni intolleranza la Chiesa di Roma. Emerge dal profondo quel risentimento contro una cultura fortemente normativa, proibizionista, irrazionale di cui a farne le spese socialmente è stata soprattutto la donna mediterranea. Carmen riprende episodi e comportamenti chiave di un certo modo di amministrare la giustizia:

Punibile per un incauto
morso a quella benedetta

mela e per aver contestato
la teoria geocentrica.
Eppur si muove, malgrado
l'inerzia imposta,
il dilagante oscurantismo,
la dispotica repressione.

La mente corre al processo subìto da Galileo Galilei nel 1633, all'età di 69 anni, durante il quale fu minacciato di tortura e che si concluse con la condanna dello scienziato. Galileo fu costretto ad abiurare, pena la morte, le conclusioni scientifiche di una vita e fu poi condannato a passare il resto dei suoi anni ad Arcetri in Toscana, una sorta di domicilio coatto. La Chiesa si era già data da fare in precedenza, costringendo all'abiura il filosofo e scrittore Tommaso Campanella (1595), dopo averlo torturato; e soprattutto bruciando vivo in Campo de' Fiori un altro filosofo, Giordano Bruno (1600), anche lui sottoposto a tortura e condotto al patibolo con una morsa stretta sulla bocca affinché non potesse pronunciare anatemi contro coloro che lo avevano messo a morte.

Va detto che Bruno era un frate domenicano sovversivo, una specie di separato in casa, con un carattere tutt'altro che alla mano: in un certo senso le grane se le era sempre andate a cercare. Con Galileo invece si raggiunge l'inaccettabile: lui era solo uno scienziato, libero da vincoli di parte, un paziente e meticoloso indagatore di quel libro speciale chiamato Universo. Dai verbali d'interrogatorio risulta chiaro il *modus operandi* dell'Inquisizione: annientare lo scienziato annientando l'uomo, distruggerlo nella dignità oltre che nella professione. Galileo, colui che aveva sviluppato il principio di inerzia e quello di relatività trecento anni prima di Einstein, confermato il vuoto di Democrito, teorizzato la finitezza della velocità della luce, perfezionato il cannocchiale scoprendo quattro satelliti di Giove, spiegato correttamente le macchie solari, sostenuto la teoria eliocentrica di Copernico contro la fissità della Terra, sondato le leggi del moto dei corpi spianando la strada a Newton, fondato il metodo sperimentale che è alla base dell'indagine scientifica (*sensata esperienza* e *sensata dimostrazione*) e tuttora utilizzato anche nel management per le pratiche di problem solving, praticamente uno dei padri della scienza moderna; ebbene, questo Galileo fu umiliato e sconvolto nella sua personale dignità dal potere costituito. Il quale non agì, come sarebbe troppo semplice teorizzare, per cecità scientifica, ma per ragion di Stato.

Galileo metteva a repentaglio l'infallibilità delle Sacre Scritture e con ciò il fondamento del potere di coloro che erano i padroni delle anime sulla Terra. Ed è questa la medesima logica del potere che muove i fili delle varie condanne per stregoneria:

> Ricordo quella bambina, affetta
> da gravi disturbi mentali,
> giudicata diabolica
> per aver masticato l'ostia.

La prassi ecclesiastica, che agisce per mano dei suoi tribunali speciali, è la medesima di tutti i regimi totalitari, che non si accontentano di disporre liberamente delle vite e dei beni dei cittadini, ma pretendono il controllo delle loro coscienze: proprio in ciò il totalitarismo differisce dalla semplice dittatura.

Come riportare queste riflessioni al mondo aziendale? Sappiamo che alle aziende non basta la semplice prestazione lavorativa: perché le cose funzionino e continuino a funzionare è necessario che i dipendenti ne condividano obiettivi e filosofie. Fin qui niente di male: il dipendente ha firmato un contratto, i doveri delle parti sono disciplinati con chiarezza, l'impegno è reciproco. Se l'azienda è sana il commitment viene da sé e lo sforzo discrezionale – il valore aggiunto della motivazione – si compie senza nemmeno pensarci. Il problema sorge quando alla cultura ufficiale, fondata sui valori aziendali, se ne sovrappone un'altra fatta di prassi consolidate malsane e rispetto alle quali non si interviene. Ad esempio quando ci sono le procedure ma si permette di non rispettarle, quando la legge non è uguale per tutti, quando si incoraggia la competizione interna al limite della delazione, quando dalle disgrazie di un manager dipendono le fortune di un altro, quando proprio come in politica o nelle università si sopravvive e si prospera di cordate interne e spifferi correntizi. Di tutto ciò non si può incolpare il brand o il mercato ma la classe manageriale, che ha scelto di impostare le relazioni in un certo modo.

Per capire la qualità del management di un'azienda è molto utile osservare il trattamento riservato ai nuovi arrivati, in particolare ai giovani. Oggi chi si inserisce nel mondo del lavoro è altamente permeabile alle influenze circostanti. Il neoassunto è sottoposto a un'esperienza totalmente nuova del concetto di gerarchia. Il giovane non è abituato a essere giudicato, a dover dimostrare una cifra particolare: la laurea si prende abbastanza facilmente, il modello familiare è sempre meno autoritario, la società è sempre più permissiva. Quando entra in azienda, il giovane resta scioccato: qui ha il periodo di prova, deve andare a cercare il suo capo per salutarlo quando arriva e quando se ne va (meglio se arriva prima di lui e se ne va dopo), se non pranza coi colleghi lo prendono per strano, se non va all'aperitivo aziendale è "uno che non ci crede", se dà un minimo di confidenza è "uno che ci prova", se non si veste in un certo modo vuol dire che non ha capito lo spirito del gruppo, se si fa gli affari suoi è un asociale, se si fa gli affari degli altri è un viscido, se gli suona il telefonino privato e risponde c'è qualcosa sotto, se non partecipa ai regali di compleanno è uno stronzo, se gioca a golf se la tira, se non guarda *Lost* e il *Grande Fratello* vive fuori dal mondo, se non fa gli obiettivi i capi lo fanno fuori, se li fa meglio degli altri sono i colleghi stessi a cercare di farlo fuori. Insomma, scopre improvvisamente di stare in un posto dove non esiste privacy, dove qualunque atto viene valutato e capisce perfettamente, come mai nella vita, di non contare nulla.

Dal primo giorno l'azienda innesca un processo di socializzazione che non è troppo diverso da quello che la recluta subisce durante l'esperienza militare. Possono cambiare i modi, certamente, ma non gli obiettivi: al giovane si insegnano le regole di un ordine nuovo al quale dovrà sottostare fino alla pensione. Ma proprio qui si gioca la serietà di un'azienda. Quanto più sarà discreta nei toni e sistematica nell'*induction* tanto più lo rispetterà, quanto più invece sarà roboante e spettacolare nei momenti di gruppo (carboni ardenti, danze mahori, ponti tibetani ecc.) tanto più gli starà nascondendo qualcosa, perché vuol dire che sarà molto abile nell'utilizzare la pressione del gruppo ogni qualvolta vorrà riallinearlo a qualche direttiva.

È dai tempi di Gustave Le Bon e dei suoi studi sul comportamento del "branco" che psicologi e antropologi conoscono il potere del gruppo. L'azienda che usa il gruppo ideologizzato per piegare il sovversivo o che espone il dipendente in difetto di performance al ludibrio dei colleghi non si comporta diversamente dal regime comunista cinese di Mao Tse Tung, che durante la cosiddetta rivoluzione culturale scagliava gli studenti contro i loro professori.

Un esempio tratto dal mondo del cinema è offerto dal film *Tutta la vita davanti* (regia di Paolo Virzì, 2008), ispirato a una storia vera: una giovane neolaureata in filosofia con tesi su Martin Heidegger trova lavoro nel mondo dei call center e dei venditori a domicilio, dove suo malgrado diventa prima spettatrice e poi protagonista di un sistema di premiazioni e critiche che sono sempre svolte di fronte ai colleghi per aumentarne l'efficacia, ma in palese odore di mobbing. Questo non è semplice autoritarismo, ma pura volontà totalitaria: il piano razionale e cioè quello normativo del contratto sociale viene saltato a piè pari a vantaggio di una metodologia invasiva che implica un esercizio coercitivo del potere. Se il manager realizza di lavorare per un'azienda che avalla certe pratiche, spetta a lui e a lui solo scegliere da che parte stare.

Scrive Carmen in *L'eccezione*, brano che intitola l'album e che qui si riporta in prosa:

> Soffro nel vederti infrangere i principi sui quali era salda un'esemplare dignità. Condizione inammissibile, la discutibile urgenza per cui è indispensabile uniformarsi alla media / … / Soffro nel vederti compiere bizzarre movenze indotte da un burattinaio scaltro. Credi sia una scelta ammirevole fuggire lo sguardo severo e vigile della propria coscienza?

Leggenda vuole che Galileo, alzatosi in piedi appena dopo l'abiura, sbattesse a terra un piede mormorando: «Eppur si muove». Già, eppur si muove davvero questa benedetta Terra, proprio come il mercato, proprio come l'azienda…

Ascolti correlati

Animals, *We Gotta Get Out of This Place* (EMI, 1965)
Bob Dylan, *Maggie's Farm* (*Bringing It All Back Home*, Columbia, 1965)
Edoardo Bennato, *In prigione, in prigione* (*Burattino senza fili*, Ricordi, 1977)
Ivano Fossati, *Lunario di settembre* (*Discanto*, Epic, 1990)
Biagio Antonacci, *Liberatemi* (*Liberatemi*, Universal, 1992)
Bruce Springsteen, *Magic* (*Magic*, Columbia, 2007)

9. Trappola organizzativa

Nella visione di Nietzsche, chi sta al potere corre il rischio di imporre dei valori dai quali poi finisce per essere schiacciato. Nel caso dell'economia di mercato, la libera iniziativa ha prodotto un sistema di regole e comportamenti che ha finito per erodere ogni alternativa. La libertà di scambio e di accumulo ha incatenato le generazioni a un destino univoco dove le possibilità di scelta non sono infinite, ma giocate all'interno di una serrata logica combinatoria. Così un percorso di carriera finisce per sembrare molto più simile alle istruzioni di un videogame neanche troppo sofisticato che non allo spirito pionieristico di chi punta all'autorealizzazione. L'uomo crede di fare il proprio gioco, ma fa solo il gioco del sistema: l'uomo è in trappola.

La nave di Giorgio Gaber rappresenta con terrifica ironia la nausea che sale di fronte a una società fatta di luoghi comuni, prassi consolidate, binari senza sorprese. È la società borghese che attira gli strali di Gaber, quella del "non parlo, non vedo, non sento", che poi è spesso anche la classe mercantile: quella che si fa un vanto della propria superficiale mediocrità, si tura il naso di fronte al suo stesso puzzo e giudica dall'alto come se fosse al di sopra delle mischie della vita. Il manager differenziato – il ribelle, direbbe Ernst Jünger – per quanto cerchi di non omologarsi è costretto a fare i conti tutti i giorni con questa realtà per puro scopo di sopravvivenza.

Un'altra situazione che evoca lo spettro della trappola viene descritta da Alice in *Per Elisa*: l'alienazione che l'individuo stesso si crea "recludendosi" in azienda. Il lavoro diventa la misura di tutte le cose, l'essenza e l'obiettivo di una vita. Qui però non è da colpevolizzare la corporation risocializzatrice, ma il manager che sceglie di non guardare le cose per quello che sono e cede bussola e timone a una forza che lo sovrasta interessata.

Il mare d'inverno, portata al successo da Loredana Berté, fotografa la similitudine di un cadavere: l'azienda senz'anima. Niente emozioni, niente calore, niente condivisione: solo un'immensa routine che plagia gli spiriti e ingrigisce i capelli. I manager invecchiano con la sensazione di essersi persi qualcosa, ma sono stati loro stessi troppo pigri per dare la scossa e ora le loro grida rimbalzano dai muri per arrivare fin giù a raggelare i cuori.

La nave

Autori: *Giorgio Gaber, Sandro Luporini*; Interprete: *Giorgio Gaber* (*1973*)

Questa canzone affronta il tema della nausea che si prova di fronte a contesti rigidamente codificati, prevedibili e banali.

Giorgio Gaber ci ha lasciato in eredità l'insegnamento che è possibile vivere come artisticamente si predica: un esempio di coerenza e di coraggio militante che a partire dalla svolta artistica di *Il signor G* del 1970-71 non ha mai subìto flessioni. Dopo dieci anni di successi nel mondo della canzonetta Gaber decide di mettere in scena se stesso, i suoi pensieri, la sua coscienza, e lo fa dando corpo a un genere, il teatro-canzone, che lo porta ad abbandonare le apparizioni televisive a favore delle sale, anche di provincia, di tutta Italia. Da allora (e per almeno un decennio con puntualità annuale) comincia a snocciolare pièces teatrali che alternano monologhi a canzoni (tecnicamente si direbbe un prosimetro, sul modello di *La consolazione della filosofia* di Severino Boezio o della *Vita nova* di Dante Alighieri), scrivendo il tutto a quattro mani con l'amico Sandro Luporini, valente pittore viareggino.

L'abbiamo chiamato militante, ma di che cosa? Non di una parte politica, bensì dell'esistenza umana. Per lui vale il dubbio di Amleto (atto III, scena I):

> Essere o non essere, questo è il dilemma: se sia più nobile d'animo sopportare gli oltraggi, i sassi, e i dardi dell'iniqua fortuna o prender l'armi contro un mare di triboli e combattendo disperderli.

E, un po' come Amleto, si finge folle per riparare un torto. Il torto che l'uomo ha fatto alla società: tradendola, dopo aver tradito se stesso. L'uomo non pensa più, non discute più, non combatte più, si lascia andare cullato dal fetido mare del quieto vivere borghese, dalle sirene di una finta democrazia e di una finta libertà, plagiato negli obiettivi e negli ideali. Si chiude in casa a contemplare la paccottiglia del suo benessere materiale (dal Rolex di secondo polso alla benemerenza per il dipendente più fedele), circondato da presenze familiari che chiama "affetti" ormai solo per abitudine e per non trascendere nell'alcolismo.

«C'è del marcio in Danimarca» diceva Amleto. "C'è del marcio nella società" sembra dire Gaber. E siccome la società è fatta dagli uomini, allora c'è del marcio nell'uomo. Così l'opera di Gaber risulta essere una collezione di invettive che puntano dritte alla profondità umana. Gaber non risparmia niente e nessuno: dal mito della vita familiare col suo corollario di illusoria sicurezza ai patti scellerati delle consorterie politiche. Gaber è disgustato, si sente totalmente altro, e da questa totale, anarchica esasperazione che lo fa sentire, come diceva Cioran nei suoi *Sillogismi dell'amarezza* (1952), «una puttana in un mondo senza marciapiedi», ecco che il paladino dei controcorrente tira fuori una delle sue armi più forti: l'ironia. Un espediente che, al pari dei crescendo musicali, aiuta a muovere il testo e a creare in tempo reale il contatto con lo spettatore. Proprio in quest'ottica possiamo finalmente affrontare il tema di *La nave*. Al ritmo di charleston, la melodia si svolge gioviale e senza fronzoli per dare spazio alla declamazione. La metafora è subito annunciata:

> La nave è la vita
> / … /
> La nave ha anche un motore
> E avendo un motore non sa dove va ma continua a andare.

E su questa nave

> a parte le masse, son tutti presenti gli amici e i parenti.
> / … /
> Per tutti c'è un buon trattamento:
> ognuno ha il suo posto nel proprio recinto,
> mi sembra anche giusto.
> Prima classe, seconda classe, terza classe e poi le donne, i negri ecc.

La nave è una nave di classe, è elegante, ha il suo fascino; tuttavia qualcosa affiora dal basso, come un'urgenza che non si può controllare: la nausea.

> Il mare, come è strano il mare,
> non è che non senta la sua poesia, ma mi fa vomitare.

Gaber si sforza di distrarre la mente, di pensare a qualcosa di bello, alla sua ragazza, al povero nonno, ma è tutto inutile perché a un certo punto:

> Sul ponte che è fatto a tre piani
> in terza e in seconda e anche in prima si sentono rantoli strani
> / … /
> Il mare diventa più grosso
> dai piani di sopra su quelli di sotto si vomita addosso.

E qui parte con un tripudio di schifezze che si conclude in allegria:

Avanti, avanti, avanti si può spingere di più
insieme nella vita a testa in su!

Benestanti, nullatenenti, ereditieri, minatori ecc., che si dia sfogo o meno al conflitto di classe il risultato non cambia: su questa nave stiamo tutti male. E più facciamo finta che non sia così e più il vomito sarà colossale. Perché il problema non sta nel rapporto tra i mezzi di produzione, ma nel rapporto con se stessi: l'uomo si è perso, si è illuso di saper nuotare nel mare della vita, ma non appena si accorge che tutto il suo affannarsi è privo di un vero scopo ecco che la vertigine lo prende e la disabitudine alla riflessione, coltivata per troppi anni e patrocinata dal sistema, lo porta allo scacco.

C'è qualcuno vivo là fuori?

canta Bruce Springsteen in *Radio Nowhere* (2007).

Nel 1997 Gaber pubblicherà un brano intitolato *Il mercato* (dallo spettacolo *Un'idiozia conquistata a fatica*, andato in scena dal 1997 al 2000) che, se si accetta la metafora della nave come azienda, costituisce una risposta ai manager che vacillano aggrediti dalla nausea del sistema che li inghiotte e che tuttavia foraggiano coi loro sforzi quotidiani. Qui si apprende che:

Il mercato è un mammifero strano
senza niente di umano.
È qualcosa che cresce,
che ogni giorno diventa più grosso.
Una crescita abnorme, smisurata, tutta forme
come una donna sempre incinta di se stessa.

Si passa al monologo:

È Lui che sceglie per noi e determina la nostra vita con la sua quotidiana, invisibile presenza. Ma se un giorno, di colpo, Lui sparisse? Se di colpo ci trovassimo esclusi da questo meccani-

smo perfetto così al di fuori di qualsiasi morale? In fondo è Lui che ci procura benessere e ricchezza. Che condiziona la nostra vita. La vita di ogni paese. Non c'è niente da fare. Oggi come oggi chi rifiuta la sua logica rischia di non mangiare; chi l'accetta con allegria subisce gravi danni alle sue facoltà mentali, cioè l'annientamento totale delle coscienze. Insomma, un uomo oggi non ha neanche la possibilità di schierarsi a favore o contro di Lui. Incredibile.
Ma forse se lo si sa, se ne si è consapevoli si può praticare questa realtà senza pretendere di risolvere le cose con un sì o con un no. Ecco la grande sfida: allenarsi a vivere senza certezze con la certezza che qualcosa possa nascere da questa nostra contraddizione. Allora forse, magari a fatica, troveremo altre risorse, allora forse si ritorna a pensare e a sognare… perché l'individuo non muore, resiste fra tanto frastuono.

La musica cresce:

E si muove nel dubbio
che in fondo è da sempre il destino dell'uomo.
E pian piano ritorni ad esser vivo,
più presente, più reattivo.
La tua mente rivede affiorare in un mondo sommerso
un percorso diverso.

L'individuo non muore,
cerca nuovi ideali
e riprova l'antica emozione di avere le ali,
di avere le ali…

Siamo di fronte a un ritratto impietoso, esacerbato nello sforzo iconico di lasciare il segno, ma al contempo altamente responsabilizzante, perché, se la nave metaforizza l'azienda, allora è altrettanto chiaro che sono i manager a costruirla, stabilire le rotte, scegliere l'equipaggio, dettare le regole e impostare la velocità di crociera. Gaber dice al manager che è possibile trovare una strada attraverso il sistema, una strada che parte dai valori e dal rispetto, dalla condivisione di un destino che ci affratella e da una prospettiva di prudente lungimiranza: il vantaggio di oggi può essere lo svantaggio di domani – sembra ammonirci Gaber – meglio qualcosa subito o niente dopo?

La metafora della nave ci ricorda che l'azienda è un luogo con dei confini; le mosse non sono infinite, le azioni prima o poi tornano indietro con l'inesorabilità del karma ed è la qualità dei rapporti a rendere sopportabile il viaggio. Anche in azienda ci sono le classi, certamente, ma è il manager a stabilirne le prerogative: un conto è un'azienda che innalza a vessillo la cultura del privilegio, un conto è un'azienda dove la superiorità di grado viene orientata in modo funzionale. I giochetti nauseabondi sono antichi come l'uomo e la corporation offre spesso il vantaggio dell'impunità (molti incarichi di vertice durano non più di due anni), ma se si permette che viga questa logica l'azienda, presto o tardi, ne risentirà in modo esiziale. Accettare che un manager prosperi a danno dei colleghi vuol dire moltiplicare un danno sotto il paravento di un successo parziale.

L'impostazione generale deve essere quella di una struttura agita da principi che mettano in condizione le persone di esprimersi all'interno di coordinate chiare: un'azienda rende bene quando tutti sanno cosa devono fare e lo fanno coordinatamente, ma – e qui ritorna la metafora della nave – rende ancora meglio quando tutti possono vedere l'orizzonte, proprio come gli astanti dal ponte principale.

Giorgio Gaber indica la strada in un'altra canzone tratta da *Far finta di essere sani*. L'uomo è nato libero, canta in *La libertà*, ma nel concreto cosa significa questa parola tanto abusata?

> La libertà non è star sopra un albero
> non è neanche avere un'opinione,
> la libertà non è uno spazio libero:
> libertà è partecipazione.

Ascolti correlati

Giorgio Gaber, *C'è solo la strada* (*Anche per oggi non si vola*, Carosello, 1974)

Giorgio Gaber, *Io se fossi Dio* (*Anni affollati*, Carosello, 1981)

Per Elisa

Autori: *Franco Battiato, Giusto Pio, Alice*; Interprete: *Alice* (*1981*)

Questa canzone invita a riflettere sulle esperienze che risultano totalizzanti per il nostro stile di vita e alle quali a volte aderiamo inconsapevolmente.

Carla Bissi, poi Alice Visconti, alla fine semplicemente Alice, vince il festival di Castrocaro nel 1971, ma dovrà attendere nove anni prima che il pubblico si accorga di lei. Il successo le arride nel 1980, con l'album *Capo Nord*, trainato da *Il vento caldo dell'estate*, brano scritto in collaborazione col compositore e violinista Giusto Pio e con un singolare musicista di talento, Franco Battiato, che proprio in quegli anni aveva deciso di abbandonare lo sperimentalismo puro per dedicarsi all'alta scuola della sartoria musicale. L'anno successivo Alice si presenta a Sanremo con un'altra canzone scritta con Battiato e Pio e vince il festival contro tutti i pronostici grazie a un brano ruvido, dall'incedere centro-europeo (non a caso la seconda patria artistica di Alice sarà la Germania), per il quale è necessaria una vocalità forte e duttile (gli intervalli melodici della parte cantata sono molto impegnativi). Varietà ritmica e arrangiamenti d'avanguardia fanno il resto: *Per Elisa*, curioso controcanto alla scolastica bagattella di Beethoven, buca lo schermo e convince le giurie.

In *Per Elisa* l'io narrante è una donna che parla al suo ex, facendogli notare che la sua nuova compagna (appunto Elisa) lo sta inspiegabilmente annichilendo: lui sembra rassegnato alla sottomissione, imprigionato in una ragnatela psichica e fisica che lo porta a vagare come un automa al di lei capriccio, rinunciando alla sua libera volontà e all'affermazione del carattere:

> Per Elisa
> vuoi vedere che perderai anche me,
> per Elisa non sai più distinguere che giorno è
> e poi non è nemmeno bella.

Per Elisa
paghi sempre tu e non ti lamenti,
per lei ti metti in coda per le spese
e il guaio è che non te ne accorgi.
Con Elisa
guardi le vetrine e non ti stanchi,
lei ti lascia e ti riprende come e quando vuole lei
riesce solo a farti male.

Storie già viste, magari vissute in prima persona, rispetto alle quali di solito c'è poco da dire e soprattutto da fare. Bisogna aspettare che l'incantesimo si spezzi, che il sortilegio cessi i suoi effetti, che il ranocchio venga baciato dalla bella principessa. Più che di infatuazione si tratta di trappola mentale, alla quale in qualche modo ci si è consegnati spontaneamente, in una sorta di masochismo intellettuale che paralizza i centri nervosi e rende ipnoticamente mansueti, ubbidienti e inoffensivi. L'innamorato non è più padrone di sé e sfiora il grottesco:

Vivere vivere vivere non è più vivere
lei ti ha plagiato, ti ha preso anche la dignità.
Fingere fingere fingere non sai più fingere
senza di lei, senza di lei ti manca l'aria.

La lettura metaforica del testo che dal 1981 andò subito in voga fu quella di identificare Elisa con la droga: il tossicodipendente muore dentro per consacrarsi alla potenza che lo distruggerà. Qui, a uso dei manager, è possibile parlare di un'altra dipendenza, quella dal lavoro: Elisa è l'*azienda*.

Non è infrequente che molti giovani proiettati in contesti competitivi rimangano affascinati a tal punto dalle sirene della carriera da rimettere velocemente in discussione valori, amicizie e obiettivi. Basta frequentare qualche happy hour milanese per ascoltare distrattamente le tribolazioni di tanti trentenni appena usciti dall'ufficio, che sfoggiano un vocabolario manageriale ipercorretto e si raccontano dell'ultima bravata di quel genio del loro capo o di quell'incompetente, tutta sorrisi e armi nascoste, che come Elisa «non è nemmeno bella», ma che ha capito tutto di come si bruciano le tappe. Di solito però questi pruriti sono destinati a fare il loro tempo, nel senso che relativamente presto una delusione professionale di una certa importanza rivela il "lato oscuro della luna" e rimette ogni cosa al suo posto: il figliol prodigo si sveglia dal sonno della coscienza e recupera almeno quell'oggettività di pensiero sufficiente per vivere con equilibrio i propri giorni.

Il dato diventa patologico quando si assiste all'identificazione totale dell'individuo col ruolo aziendale, vera e propria consacrazione al lavoro, con la serietà e la compunzione di chi sta espiando una colpa atavica (si rispolveri il sempre interessante classico di Max Weber, *L'etica protestante e lo spirito del capitalismo*, che fa risalire l'impulso al profitto e il piacere del guadagno alla ricerca di conferme della Grazia divina). Lo è per quegli imprenditori che invecchiano con la loro azienda, fingendo di lasciare il timone agli eredi, ma in realtà continuando a decidere anche quanta carta igienica bisogna ordinare. Lo è quando si trova la scusa che i figli non sono dotati come i padri (ma non è il padre che ha scelto quale formazione impartire al figlio?) e ciò vale anche per i grandi vecchi della politica, pronti a divorare le proprie creature al primo vagito d'indipendenza.

Se tuttavia all'imprenditore si può perdonare il fatto di aver creato qualcosa e di essersi inevitabilmente legato a filo doppio alla sua attività pluridecennale, la situazione diventa inaccettabile per i cosiddetti forzati della carriera. Qui ci troviamo di fronte al fenomeno dell'*alienazione*: persone che hanno smesso di avere un pensiero autonomo, dal carattere altamente suggestionabile, persone che hanno portato il centro al di fuori di sé, che non vogliono tornare a casa perché hanno fatto le scelte sbagliate, che dietro la frenesia del ritmo di lavoro mascherano il loro fallimento esistenziale, persone che hanno smesso di farsi domande, un po' come quei militari che si difendono dalle accuse di crimini contro l'umanità dicendo di aver obbedito a un ordine: esecutori, non direttori. Si tratta il più delle volte di un fenomeno di compensazione. Dentro c'è il vuoto, l'abisso più nero dove rimbomba una solitudine più psicologica che fisica; fuori c'è la forma scambiata per sostanza: la disumanizzazione del management come la dipendenza dal prestigio sociale.

C'è poi un fatto che è addirittura paradossale: chi svolge professioni simil-intellettuali (l'impiegato o il manager del terziario) rischia oggi di diventare ancora più alienato del lavoratore manuale. Quest'ultimo, avendo solo le mani impegnate, col cervello è libero di pensare, mentre il primo finisce per sviluppare delle abitudini mentali che col tempo trascendono nella coazione a ripetere. Quando arriva a casa poi sente il bisogno di rilassarsi e quindi di dedicarsi alle varie attività di "evasione", totalmente dimentico che è da quando si è svegliato la mattina che non ha fatto altro che evadere da se stesso. Così di giorno in giorno si abbruttisce, fino a diventare la caricatura di ciò che avrebbe voluto essere a inizio carriera.

Nel suo cinismo la corporation si serve spesso di questi individui, li ripaga lautamente e li accontenta nelle loro bizze personali, ma non deve commettere l'errore di assegnare loro risorse umane da gestire. Perché in quel caso il più delle volte mancheranno il rispetto, la predisposizione al dialogo, l'*ésprit de finesse*, la capacità di influenzare e di creare condivisione e si avrà un'azienda di figurine di carta, spaventapasseri, buoni solo per ciondolare nel vento. Il manager è disincarnato.

La «trappola mortale» di cui parla Bruce Springsteen in *Born to Run* alludendo alla sua città è un monito per tutti i manager: la percepisce come tale solo chi ha voglia di mettere il naso fuori per vedere che aria tira. La *curiosità*, fin dai tempi dell'episodio dantesco dedicato a Ulisse, è sintomo di intelligenza, di vivacità intellettuale, di resistenza. Questo è il manager che vogliamo: forse è più difficile da gestire perché di solito presenta una soglia valoriale elevata, ma sicuramente è più lucido nel porgere critiche costruttive e nel contribuire al miglioramento dell'organizzazione, perché ha la capacità di esplorare le situazioni da più punti di vista e di mantenere un'equidistanza proattiva tra il suo lato pulsionale e l'obiettivo cieco del profitto aziendale, avvicinando e facendo dialogare secondo un principio di equilibrata tensione la persona, il ruolo e la realtà aziendale.

Ascolti correlati
Chuck Berry, *Too Much Monkey Business* (Chess, 1956)
Otis Redding, *(Sittin' on) The Dock of the Bay* (*The Dock of the Bay*, Volt Records, 1968)
Eagles, *Hotel California* (*Hotel California*, Asylum, 1976)
The Clash, *The Magnificent Seven* (*Sandinista*, Columbia, 1980)
Lenny Kravitz, *Where Are We Runnin'?* (*Baptism*, Virgin, 2004)

Il mare d'inverno

Autore: *Enrico Ruggeri*; Interprete: *Loredana Berté* (*1983*)

Questa canzone descrive l'angoscia e il senso di estraneità che si prova sperimentando una realtà disanimata in cui le relazioni convenzionali e la ripetizione di schemi di comportamento ridotti a meccanismi sbiadiscono i colori della vita.

Nel 1983 Loredana Berté è all'apice del successo. L'anno prima ha vinto il Festivalbar con *Non sono una signora*, brano confezionato per lei su misura da Ivano Fossati. L'attimo va colto e, per una di quelle combinazioni particolari in cui business e arte camminano abbracciati, la Columbia finanzia *Jazz*, un album di grande intensità. Ottimi autori (Lanzetti, Ruggeri, Piccoli, Fossati, Guglielminetti, Djavan, Schiavone, Culotta), sound internazionale (tra i musicisti Doc Powell, Phil Palmer, Harry Whitaker), produzione d'autore (ancora Fossati).

Il brano che traina l'album è di un cantautore di talento alla ricerca di una definitiva affermazione: *Il mare d'inverno* di Enrico Ruggeri. Canzone destinata a diventare un classico della musica italiana, *Il mare d'inverno* vivrà di vita propria a partire dalle incisioni che ne farà l'autore stesso: la prima si trova in *Presente* (1984); si segnalano poi quella contenuta in *Vai Rrouge* (1987), registrata dal vivo con gli Champagne Molotov e l'orchestra filarmonica di Alessandria; infine quella di *Cuore, muscoli e cervello* (2006), registrata live al Teatro Manzoni di Milano. Se nelle versioni dell'autore a risaltare è soprattutto l'impianto lirico e crepuscolare del testo, ben introdotto da grappoli di note sgranate al pianoforte su di un accordo in minore, nella produzione di Fossati è il potenziale melodico e commerciale che viene esaltato, col ritmo terzinato amplificato da una linea di basso riconoscibile fin dalle prime battute.

Il mare d'inverno
è solo un film in bianco e nero visto alla tv

principia la canzone. E come non essere d'accordo? Il testo è tutta una collezione di immagini molto nitide nelle quali l'ascoltatore non fatica a proiettarsi, immaginandosi di essere lì a camminare su un lungomare desolato, coi vestiti insolentiti da leggeri spruzzi di schiuma, residui dell'incaponirsi delle onde sulla battigia, coi sensi invasi dall'odore di salsedine, il vento che ferisce il volto e asciuga i pensieri rendendoli essenziali, il petto tradito da un senso di solitudine che solo il mistero della natura ostile è in grado di procurare.

E verso l'interno
qualche nuvola dal cielo che si butta giù
Sabbia bagnata,
una lettera che il vento sta portando via.
Punti invisibili rincorsi dai cani,
stanche parabole di vecchi gabbiani
ed io che rimango qui solo a cercare un caffè.

Il contesto ambientale attraversa l'io narrante e la situazione si trasforma in stato psicologico: la mente trasforma le impressioni in concetto, lo soppesa ed esprime un giudizio.

Il mare d'inverno
è un concetto che il pensiero non considera,
è poco moderno
è qualcosa che nessuno mai desidera.

Cosa suggeriscono queste parole al manager? Una situazione purtroppo ancora frequente, l'aria che si respira in tante aziende. Ci sono luoghi di lavoro, sia privati sia pubblici, in cui domina il grigiore dei caratteri. Le personalità non emergono, lo stile è di basso profilo: sono i luoghi governati dai processi, dalla comunicazione telematica, dagli apparati burocratici, dove sono le dimensioni degli uffici a definire i ruoli, la carriera è un fatto puramente anagrafico, la dirigenza è separata dal resto dell'azienda da una grata mentale ancorché fisica (mangiano tra di loro, alloggiano in altri alberghi, sono gli unici a farsi dare del "lei"). Roba da management scientifico, buona per una mentalità prebellica, totalmente inadeguata per un mercato che pretende flessibilità, inventiva, talento. E lo stridore è tanto più eclatante quanto più ci si allontana dal mondo industriale, sindacalizzato e sospettoso, per accostarsi a quello dei servizi.

Gli studi sulla motivazione aziendale, cominciati negli Stati Uniti addirittura negli anni Venti, hanno ormai imposto una filosofia di gestione del personale molto centrata sulla rilevanza delle competenze soft, prestando attenzione sia al livello della selezione sia della formazione e sviluppo alla cosiddetta *intelligenza emotiva*, felice combinazione, secondo la nota partizione di Howard Gardner, di intelligenza intrapersonale e intelligenza interpersonale. Ogni azienda di dimensioni medio-grandi è ormai dotata di sistemi articolati di *valutazione della performance* che danno ampio spazio a item spesso ricavati direttamente dalla carta dei valori e periodicamente svolge una *people survey*: un'indagine sul clima aziendale, dove si sonda la percezione dei dipendenti in relazione alle condizioni materiali di lavoro e al rapporto coi colleghi (capi, pari grado, subordinati). L'importanza di questi strumenti deriva dalla semplice constatazione che un dipendente che si sente a suo agio sul luogo di lavoro si riconosce nella cultura aziendale e prova il gusto della valorizzazione, lavora meglio e produce di più: qualitativamente e quantitativamente.

Prendendo a prestito la metafora calcistica (tema caro all'autore della canzone, grande tifoso dell'Inter), vale la considerazione che quando una squadra gioca in casa è statisticamente più forte: il valore tecnico e gli obiettivi sono gli stessi, ma lo stato psicologico è differente, perché qui c'è il pubblico amico che ci incita se a cinque minuti dalla fine siamo sotto di un goal, che ci consola se ci facciamo male, ci applaude se compiamo gesti atletici e generosi, riconosce gli sforzi, soffre con noi e gode con noi. Riflessioni semplici queste, suffragate dalla pratica, ma che tuttavia in azienda sono spesso destinate a rimanere lettera morta, con manager e dipendenti che cantano il ritornello:

> Mare mare, qui non viene mai nessuno a trascinarmi via
> Mare mare, qui non viene mai nessuno a farmi compagnia
> Mare mare, non ti posso guardare così perché
> questo vento agita anche me.

Dove sta il problema? La risposta è una sola: in alto. Se l'azienda è senz'anima è perché il top management o l'imprenditore glielhanno risucchiata, vuoi per insicurezza, vuoi per insipienza, vuoi per disinteresse; in ogni caso, il mare, chi sta sotto potrà conoscerlo solo fuori stagione.

Ci sono top manager che interpretano il ruolo come un diritto acquisito (dopo di loro il diluvio!), tronfi nella loro grettezza, convenzionali e omologati per cultura e interessi, incuranti delle critiche, insofferenti verso il *business coaching* e l'autoperfezionamento, miopi verso il loro stesso destino, superficiali nei giudizi, artefatti nei comportamenti, fanatici delle interpretazioni letterali, radical chic o paladini della borghesia conservatrice, dediti all'autocitazione, politicamente corretti, sadducei, farisei, filistei… Sono loro i veri responsabili della morte termica dell'azienda, dimentichi del fatto che la figura del top manager non deve limitarsi ad amministrare il valore, ma deve crearlo come una cornucopia, una *fons perennis*, un serbatoio inesausto. Il ruolo del top manager coinvolge l'individuo nella sua totalità esistenziale, tecnica ed emozionale. Il top manager non è un artista di genio a cui si perdonano stravaganze, piccole perversioni, schizofrenie personali in cambio della prova d'autore. Il top manager mette in scena se stesso tutte le volte che agisce e apre bocca, da quando fa lo speaker in una convention a quando raccoglie lo scartafaccio nel corridoio vicino alla toilette. Sono le persone di cui si circonda che ci raccontano di che pasta è fatto, è il suo modo di trattare i beni aziendali che lo qualifica come fededegno.

Persino in guerra il modello del comandante è cambiato: oggi non è più l'accademico di West Point a suscitare rispetto, ma è il capo guerriglia che si sporca le mani a incendiare le masse, a evocare potenti visioni, a prefigurare un mondo a cui si desidera appartenere. E, parodiando Clausewitz, cos'è il mercato se non la prosecuzione della guerra con altri mezzi?

Sull'esempio della guerriglia il bravo manager è percepito come "uno di noi"; ha uno stile partecipativo, non perché condivide le decisioni, ma perché soffre degli stessi rischi dei compagni e si mostra vigile nella tormenta. Il manager che *patisce*, nel senso etimologico di "provare sentimento", è l'unico in grado di dare anima alle cose, di farle vivere attraverso la creazione di uno spirito comunitario che crea affiliazione, identità e riconoscimento. Soffia sull'organizzazione come il respiro di Jahvé e trasforma l'energia potenziale in energia cinetica, armonizzando le forze, che prendono a danzare come onde del mare, ma di un mare che coltiva la speranza di un orizzonte sereno.

Ciò non significa abbandonare l'orientamento al compito a tutto vantaggio della componente relazionale, ma salvare l'umanità del lavoro, con la consapevolezza che il capitale umano produce interessi proprio quando lo si investe sul terreno della fiducia e dell'emulazione virtuosa. Dal cameratismo nasce la passione, dalla passione l'impegno, dall'impegno i risultati.

10. Autodisciplina

Ogni manager deve fare appello al principio direttivo che dovrebbe governare la sua coscienza: l'esercizio della libera volontà motivata dal miglioramento continuo. Il punto non è morire di obiettivi futuri, ma vivere di azioni presenti. Lo studio, l'applicazione, la ricerca di modelli elevati aiutano il manager a trasformare l'energia potenziale in realizzazioni concrete, che in retrospettiva costituiranno le uniche prove tangibili della propria esistenza.

Una vita da mediano di Ligabue affronta il tema della fatica non ostentata e assegna come priorità al manager la necessità di fare il massimo affidamento su di sé, situazione intimamente legata a una certa intransigenza nei confronti del proprio lavoro. Niente vittimismo né troppe aspettative in termini di riconoscimento: fare le cose bene per il gusto di farle e trovare nel rapporto con la nostra interiorità il consenso agli sforzi. Il risultato non è che la somma delle attenzioni dedicate al compito. Ciò che arriverà dall'esterno sarà gradito, ma non bisogna mai lasciare che siano una pacca sulla spalla o qualche bigliettone colorato a decidere della nostra serenità.

Enzo Jannacci contribuisce con *Faceva il palo*, un brano scritto nel 1966 (ma qui si consiglia una versione live del 1989), dove un'allegra storiella surrealista descrive le conseguenze di un recruitment poco oculato. La scelta e la gestione del personale, attività qualitative per eccellenza, sono il punto debole della maggior parte delle organizzazioni. Il fattore umano è quanto di più mutevole e sensibile un manager si possa trovare a gestire. Diventa così necessaria una sensibilizzazione continua sull'argomento affinché esperienza e conoscenza riducano il più possibile il margine d'errore.

Quattro amici di Gino Paoli gira il coltello in una piaga molto nota: la resistenza al cambiamento. Ormai da vent'anni la gestione del cambiamento è diventata sinonimo di leadership e di management di qualità. La creatività e la velocità di risposta alle situazioni critiche sono tuttavia viziate da limiti non solo di competenza, ma di natura psicologica: l'essere umano tende a cristallizzare opinioni e comportamenti in abitudini che sono molto più difficili da correggere – per fare un esempio – di un difetto di postura.

Una vita da mediano

Autore: *Luciano Ligabue*; Interprete: *Ligabue* (*1999*)

Questa canzone parla della necessità di possedere delle basi solide per sostenere sfide e difficoltà.

Miss Mondo segue a distanza di quattro anni il precedente album di inediti, *Buon compleanno Elvis* (1995), la definitiva consacrazione di Ligabue a beniamino rock della generazione nata nella seconda metà degli anni Settanta. Tra il 1995 e il 1999 Ligabue vive una poliedrica esplosione di creatività che lo porta a cimentarsi con successo nella letteratura, con la silloge di racconti *Fuori e dentro il borgo* (1997), e nella regia cinematografica, col film *Radiofreccia* (1998), in entrambi i casi mettendo d'accordo pubblico e critica. Nel 1999 Ligabue torna al core business anticipando il nuovo album con una ballata di quattro accordi, chitarra acustica in bella evidenza, archi registrati presso i leggendari Abbey Road Studios di Londra, facile cantabilità e memorizzazione: *Una vita da mediano*. Il testo utilizza la metafora del calcio per fotografare la modestia e l'umiltà del duro lavoro.

Una vita da mediano
a recuperar palloni
nato senza i piedi buoni
lavorare sui polmoni.
Una vita da mediano
con dei compiti precisi
a coprire certe zone
a giocare generosi.

Nel gioco del calcio chi è il mediano? Quello del mediano è sempre stato un ruolo che non ha mai avuto grande visibilità sui giornali. Difficilmente si trovava in una posizione favorevole per fare goal e nemmeno era al centro dell'attenzione come un portiere, che con le sue prodezze o le sue sviste poteva decidere le sorti di una partita. Per queste ragioni nessuno da bambino sognava di diventare un mediano. Fare il mediano significava essere un po' difensore e un po' attaccante e avere un'ottima visione di gioco: alcuni dei più grandi allenatori del nostro calcio sono appunto ex giocatori che ricoprivano questo ruolo, a partire da Marcello Lippi. Il mediano faceva della corsa la sua arma migliore, ma al contempo si distingueva per la capacità di tenere la giusta posizione che gli permetteva di bloccare le avanzate avversarie con interventi decisi e decisivi. Proprio in virtù della sua posizione aiutava il capitano, se non lo era lui stesso, a richiamare i propri compagni, quando la squadra perdeva il filo e bisognava ricostruire il gioco.

Un'altra dote chiave era l'altruismo. Aiutare un compagno in difficoltà per un mediano aveva lo stesso fascino di fare un passaggio smarcante o un *assist* per un goal. Tra i grandi mediani italiani sono da ricordare almeno Gabriele Oriali, Romeo Benetti, Beppe Furino, Massimo Bonini e, in tempi più recenti, dove la distribuzione dei ruoli riflette criteri diversi dal passato, sono assimilabili alle caratteristiche del mediano Andrea Pirlo e soprattutto Rino Gattuso.

Riassumendo, le doti del mediano sono la tenacia, la decisione, la visione d'insieme, la capacità di tenere la posizione ricordando agli altri la loro, l'altruismo. Poco importa se

Il pallone devi darlo
a chi finalizza il gioco.

Perché se ti impegni a stare sempre «lì nel mezzo finché ce n'hai»

Lavorando come Oriali
dopo anni di fatiche e botte
e vinci casomai i mondiali.

Il messaggio che vuole lanciare Ligabue è che la prima regola per chi vuole arrivare da qualche parte è il commitment. Senza il sudore non ci può essere risultato. "No pain no gain" dicevano una volta i *body builders*. Non basta il talento per avere successo, occorre coltivarlo pazientemente, talvolta con una certa spietatezza, alzando l'asticella giorno dopo giorno, ora dopo ora, rischiando del proprio alla ricerca delle possibilità d'espansione e dei propri limiti.

La lezione è evidente anche per i manager: quali che siano gli obiettivi di ognuno (i propri "mondiali" da vincere), le doti del mediano costituiscono un'ottima base, una rete di protezione contro tutti i salti nel buio e i voli pindarici dell'ambizione. E se si scopre

Che natura non ti ha dato
né lo spunto della punta
né del dieci: che peccato

la sostanza non cambia, perché il manager che possiede certe doti saprà come rendersi insostituibile, magari come *hidden leader* o come consigliere occulto, e chi sta al vertice delle aziende o della politica è ben consapevole di quanto nelle compagini organizzative ci sia bisogno di queste persone. La differenza vera è sempre data dalla capacità di lavoro che vale come una riserva d'acqua nel deserto: è la nostra cifra personale, il salvacondotto nelle vicissitudini. In questo senso *Una vita da mediano* non è affatto una canzone sulla rinuncia a puntare in alto, ma un'esaltazione di quella che dovrebbe essere la normalità di una coscienza improntata all'etica del lavoro. Nessuno ha mai vinto una maratona senza correre per tutti i 42 chilometri.

Il particolare taglio che Ligabue dà alla metafora del mediano permette anche di fare chiarezza su una delle similitudini più abusate nella formazione manageriale. Se in linea generale ha senso utilizzare lo sport di squadra come metafora del team work, è altrettanto sensato evidenziarne le discrasie. Facciamo qualche esempio.

In tempo di crisi le aziende come prima mossa tagliano i fondi riservati alla formazione: nessuna squadra di calcio rinuncerebbe alla preparazione atletica. Come seconda mossa le aziende tagliano il personale: non si è mai verificato che una squadra di calcio metta in campo otto o nove giocatori né che rinunci alla panchina. Quando l'azienda non performa, si cambia tutto il personale e solo in ultima, sciagurata, remotissima ipotesi si cambia il manager: nel gioco del calcio il primo e spesso l'unico a saltare è l'allenatore. Nel calcio gli schemi sono modellati sulle caratteristiche dei giocatori: nelle aziende i processi sono spesso dati una volta per tutte.

Di fronte a una sconfitta, nello sport si indagano pazientemente e a più voci le cause (l'Italia è il paese dei commissari tecnici!): nelle aziende capita spesso che si cerchi rapidamente un capro espiatorio. Nello sport ci sono i tifosi, che sono molto esigenti, ma fedeli: nel mercato ci sono i clienti, che sono molto esigenti, ma per niente fedeli. Nel calcio ci sono le regole e c'è un arbitro che le fa rispettare: nel mercato le regole le stabilisce il pesce più grosso. Nel calcio le campagne acquisti sono regolamentate quanto a tempi e modalità d'ingaggio e quasi tutto si svolge alla luce del sole: nelle aziende i talenti sono accuratamente privati di ogni contatto con l'esterno e, se si viene a sapere che qualcuno sta inviando in giro il suo curriculum, glielo si rinfaccia con spregio e gliela si fa pagare orrendamente.

Nelle aziende *squadra che vince non si cambia*: finché ci sono i risultati, persone, procedure e processi restano invariati col rischio di non cogliere la realtà in mutamento delle condizioni di mercato. Nel calcio *squadra che vince cambia*, nel senso che persiste un'attenzione spasmodica alla forma individuale, all'avversario e al terreno di gioco. In definitiva la metafora calcistica ha più effetto se applicata ai singoli ruoli e se viene accuratamente contestualizzata.

Tornando al mediano, possiamo dire che il manager che ne coglie l'esempio è colui che alimenta costantemente la sua base di sopravvivenza, il suo *rescue remedy*, ripassa periodicamente gli skill fondamentali e li corrobora di nuova linfa aggiornandosi continuamente, amministra il "fiato" e ha come obiettivo la costanza della performance. Il mediano insegna al manager che la resistenza nel ruolo è il risultato di un giusto mix tra competenze cognitive ed emozionali; questo stratega generoso, che un po' ci è nato e un po' lo è diventato, insegna anche a superare quelle partizioni stagne che vanno tanto di moda nelle classificazioni dei profili manageriali. Il mediano è una figura ossimorica, nel senso che armonizza evidenze apparentemente contrarie (come il simbolo del Tao) e incoraggia il manager a non nascondersi dietro abitudini scambiate per inclinazioni naturali, che spesso finiscono per coartare una personalità potenzialmente brillante, triturandola nel gioco delle aspettative aziendali.

Al contrario, il manager che si limita a cercare il colpo a effetto senza preoccuparsi degli aspetti di sistema e senza pianificare adeguatamente il lavoro, lucidando le proprie mostrine e confidando troppo sulla bella immagine che ha di sé, sfruttando solo la posizione o le doti carismatiche (come un attaccante dallo spunto veloce, ma che non si allena), rischia di finire come il capitano del Titanic. Francesco De Gregori in *I muscoli del capitano* (dall'album *Titanic*, 1982) rende bene l'immagine dell'uomo inflessibile, la cui presunzione viene scambiata per sicurezza:

> Guarda i muscoli del capitano, tutti di plastica e di metano.
> Guardalo nella notte che viene, quanto sangue ha nelle vene.
> Il capitano non tiene mai paura, dritto sul cassero,
> fuma la pipa, in questa alba fredda e scura che rassomiglia
> un po' alla vita.
> /.../
> Ma capitano non te lo volevo dire,
> ma c'è in mezzo al mare una donna bianca,
> così enorme, alla luce delle stelle,
> che di guardarla uno non si stanca.

Attenzione: il capitano non è un fanfarone (quello vero, Edward J. Smith, era di lunga esperienza e seppe morire con onore) ed è un manager che sta lì dove dovrebbe stare, ma sottovaluta le criticità, non coglie i segnali deboli. Il suo errore principale è quello di farsi sedurre dalla tecnica, di considerare la struttura come essenziale, dimenticando che gli ordini come le strategie hanno a che fare con gli uomini (come ci spiegano gli uomini di marketing: non basta avere un buon prodotto per riuscire a venderlo). In un clima di esaltazione di inizio secolo (1912), dove vigeva la ferma convinzione filosofica che attraverso la tecnica l'uomo avrebbe potuto espandere le sue possibilità esistenziali, l'atteggiamento del capitano acquista umanamente un senso, ma lo perde subito se lo si parametra alle responsabilità del suo ruolo e alle abilità che dovrebbero competergli (conoscenza della rotta, conoscenza del mezzo, conoscenza dell'ambiente, governo del personale):

> Questa nave fa duemila nodi, in mezzo ai ghiacci tropicali,
> ed ha un motore di un milione di cavalli
> che al posto degli zoccoli hanno le ali...

E come tanti manager solerti nell'intensificazione dell'impegno finisce col vedere solo quello che vuole vedere… ma che non è la realtà!

> E il capitano disse al mozzo di bordo
> "Giovanotto, io non vedo niente.
> C'è solo un po' di nebbia che annuncia il sole.
> Andiamo avanti tranquillamente".

La cosa da non sottovalutare è che il Titanic era davvero la nave più sicura mai costruita: il manager deve avere chiaro che non fu sconfitta dal ghiaccio, ma da un errore umano che si poteva evitare con un po' di visione d'insieme, concentrazione, umiltà in più. Doti da mediano, appunto.

Ascolti correlati
John Lennon, *Working Class Hero* (*John Lennon/Plastic Ono Band*, Apple, 1970)

Faceva il palo

Autori: *Enzo Jannacci, Walter Valdi*; Interprete: *Enzo Jannacci* (*1989*)

Questa canzone parla dell'importanza di mettere le persone giuste al posto giusto.

Nel 1989 Enzo Jannacci partecipa per la prima volta al Festival di Sanremo con *Se me lo dicevi prima*, una canzone contro la droga molto pragmatica e che non concede nulla alla retorica. Il buon riscontro di critica e pubblico gli garantisce un tour di successo che viene immortalato nel live *30 anni senza andare fuori tempo*, un florilegio di classici del suo repertorio frammisti alla migliore produzione degli anni Ottanta, la cui continuità nella realizzazione è garantita dall'ottimo lavoro di Maurizio Bassi agli arrangiamenti.

Jannacci: una scrittura surreale, una declamazione originale, una mimica stralunata, un gusto spiccato per la satira sociale, un talento umoristico mai scontato sono gli ingredienti di un'arte che, anche se a fatica, riuscirà sempre a ritagliarsi uno spazio nel panorama musicale italiano. Da segnalare una sua partecipazione a *La vita agra*, film di Carlo Lizzani del 1964, che sotto il profilo della cultura manageriale merita una rivalutazione profonda per la modernità dei temi trattati (l'arrivismo di un addetto culturale apparentemente dedito alla causa proletaria, il cinismo della classe dirigenziale protagonista del boom economico, la già definitiva teorizzazione della comunicazione pubblicitaria), dove in un paio siparietti canta *L'ombrello di mio fratello* e *Ti te sé no*.

Tra i brani di *30 anni senza andare fuori tempo*, lavoro che si consiglia come opera di avvicinamento al suo interprete e autore, si segnala qui la gustosa *Faceva il palo*. La canzone nasce sotto la penna dell'avvocato milanese prestato al cabaret Walter Valdi, una delle pietre angolari di quel laboratorio comico d'eccezione che fu il Derby di Milano e sotto la cui ala si fecero le ossa persone come Dario Fo, Cochi e Renato, Diego Abatantuono, Teo Teocoli. Il medico milanese prestato alla musica Enzo Jannacci vi appone melodia e arrangiamento stile anni Trenta ed ecco che il pezzo è pronto per cavalcare i decenni, con quel sapore sempre fresco della Milano di una volta.

Per cinque minuti *Faceva il palo* ci riporta indietro a una dimensione perduta, stile *I soliti ignoti* e *La banda degli onesti*, dove il bianco e nero dei ricordi dà valore alla più piccola sfumatura. La canzone racconta la sfortunata vicenda della banda dell'Ortica (quartiere popolare della periferia nord-est di Milano), un gruppo di ladri che viene colto in flagrante durante una rapina. Vengono arrestati tutti i componenti della banda tranne il palo, che essendo quasi cieco non si accorge di quanto sta accadendo e anzi viene scambiato per un barbone a cui si gettano le cento lire nel cappello.

Faceva il palo nella banda dell'Ortica,
faceva il palo perché l'era il so mesté.
/ … /
Lui era fisso che scrutava nella notte,
l'ha vist na gota, ma in cumpens l'ha sentu nient,
perché vederci non vedeva un autobotte,
però sentirci ghe sentiva un acident.
Faceva il palo nella banda dell'Ortica,
faceva il palo con passione e sentiment.
Ci sono stati pugni, spari, grida e botte,
li han mena' via che era già mort quasi mesdì,
lui sempre fisso che scrutava nella notte
perché ci vedeva i stess de not cume del dì.
Ed è lì ancora come un palo nella via, la gente passa, gli dà
cento lire e poi, poi se ne va... lui circospetto guarda in giro
e mette via, ma poi borbotta perché ormai l'è un po' arrabbià.
Ed è arrabbiato con la banda dell'Ortica,
perché lui dice: "Non si fa così a rubar !!".

L'assurdità dell'evento raggiunge il grottesco se, per via di metafora, si trasforma la banda dell'Ortica in un team di lavoro aziendale. La scelta delle persone appropriate per i singoli ruoli è spesso il fattore decisivo per decretare il successo di un progetto di business. L'eccessiva enfasi prestata ai processi e il solo focus sulle procedure rischiano di mettere in ombra l'apporto che può essere fornito dalle risorse umane. Si tratta al solito di un errore culturale, connaturato o ereditato a livello di industria pesante e ad alto valore tecnologico, dove le competenze hard sono tradizionalmente molto valorizzate. Qui l'analisi di sistema si limita alla staticità degli schemi organizzativi, senza considerare il potenziale automodellante e la capacità di generare valore che scaturiscono da un sistema di relazioni atto a sprigionare energia di legame. Al contrario, un sistema di recruiting fortemente centrato sulle prospettive di integrazione umana e professionale, sulle attitudini psicologiche e sulle leve motivazionali, quindi sostanzialmente sugli aspetti qualitativi che "muovono" i candidati, ridurrebbe al minimo i costi indiretti della selezione, dando respiro a quella peculiarità tutta umana di sviluppare entusiasmo o almeno agio nello svolgere la propria mansione.

La chiave di volta sta sempre nel comportamento manageriale. Troppo spesso i manager si nascondono dietro l'eventualità di non aver potuto scegliere loro la propria squadra. E invece sta proprio qui il banco di prova del manager virtuoso. Come è vero che anche un orologio rotto segna l'ora esatta due volte al giorno, così non si può dire che un dipendente sia totalmente un buono a nulla: tutto sta in come le persone vengono impiegate. E questo vale per un buon direttore sportivo come per un grande condottiero militare o un abile organizzatore politico. La storia insegna che spesso chi è emerso dall'anonimato l'ha fatto proprio grazie alla capacità di ottenere il massimo da ciò che aveva a disposizione: sono gli equilibri, le compensazioni, i contrappesi del sistema preso nella sua totalità che in genere danno ragione di certi successi.

L'aver visto la stessa realtà con occhi diversi qualifica il manager d'eccezione. Nel calcio moderno la funzione con cui un giocatore scende in campo conta di più del semplice fatto che lo si faccia giocare, così come in una rock band la condivisione di un modello stilistico e culturale e la capacità di tenere una posizione contano di più del livello tecnico assoluto che un singolo musicista è in grado di esprimere.

Un esempio cinematografico che affronta questi concetti è offerto da una scena di *300* (regia di Zack Snyder, 2007), la narrazione della battaglia delle Termopili tra l'esigua guarnigione di Sparta e la moltitudine persiana per come la ricostruisce (poco fedelmente) il fumettista americano Frank Miller. Il re Leonida svolge un "colloquio di lavoro" con lo storpio Efialte e, pur nella certezza della sua preparazione di soldato e della sua motivazione a far bene, decide di scartarlo in quanto le sue caratteristiche fisiche (non riesce a sollevare lo scudo all'altezza della spalla) lo rendono purtroppo inadatto a integrarsi in un sistema di combattimento in cui ogni spartano protegge con lo scudo il compagno che ha al fianco sinistro. Gli spartani, pur senza commettere errori tattici, soccomberanno a causa delle impari forze, ma passeranno alla storia come esempio di valore militare e di eroiche virtù.

Un altro appunto per il manager riguarda il suo atteggiamento di fronte a un errore di selezione, dove spesso si constata assenza di equilibrio. Quando la risorsa non va bene di solito le strade sono due: o si fa di tutto per rimuoverla (anche ricorrendo a pratiche di mobbing) o si cerca di nascondere/minimizzare l'impatto delle scarse performance: in entrambi i casi si sbaglia. Il manager che agisce così non fa il bene dell'organizzazione (che non fa profitto) né della risorsa (che non riceve feedback appropriati) e nemmeno il suo (che non assolve i compiti per cui è retribuito), agisce solo per proteggere se stesso, in maniera affrettata e maldestra, quando invece sarebbe più corretto razionalizzare l'errore e trarne un insegnamento per il futuro.

Nella sconfitta del dipendente il manager proietta la propria, ma è un comportamento poco maturo, e osservare come raramente si abbia il coraggio di affrontare fino in fondo questo tema corrisponde un po' a mettere il dito nella piaga. Non si dedica mai abbastanza tempo all'esame delle cause e dei processi che hanno portato a questo tipo di fallimento, si preferisce pensare che le persone passano, proprio come passano il tempo e le mode: soluzione semplicistica oltre che costosa. La triste verità è che molti manager considerano il fare i colloqui una mansione segretariale, quando invece è un'attività che oltre a richiedere dedizione ed esperienza inchioda il manager alle sue responsabilità, fornendo di lui un feedback più oggettivo di quanto non si creda. Se vuoi conoscere qualcuno, guarda di chi si circonda. Le aziende batteranno una strada nuova quando nella classe manageriale il concetto di specialista della selezione troverà riscontro nella condivisione di una competenza comune.

Faceva il palo offre un'ulteriore provocazione: nella canzone l'errore di selezione viene pagato dai recruiter. Nella realtà aziendale non succede quasi mai e nemmeno lo si pretende (fare errori è umano e capita a qualunque punto della carriera), ma il bravo manager deve ricordare sempre che, quando si sbaglia una selezione, si pregiudica un posto di lavoro, e di fronte a un posto di lavoro gli esseri umani hanno tutti la stessa dignità, la stessa possibilità di dimostrare quello che valgono e lo stesso diritto di essere accompagnati nello sviluppo del loro potenziale.

Quattro amici

Autore: *Gino Paoli, Paola Penzo*; Interprete: *Gino Paoli* (*1991*)

Questa canzone descrive la difficoltà di cambiare le cose nonostante la buona volontà, le sincere dichiarazioni di principio e gli sforzi comuni.

Gino Paoli, a dispetto di un cliché che lo vuole autore melodico per eccellenza, è a tutti gli effetti uno dei padri della canzone d'autore italiana. Genovese d'adozione (è cresciuto a Pegli, come De André), è stato uno dei primi italiani a scrivere e nello stesso tempo a cantare di se stesso: *La gatta*, del 1960, è un brano autobiografico così come *Il cielo in una stanza* (l'ispirazione gli derivò da un'esperienza fatta in un bordello). Carattere schivo e ruvido, poco incline alle vie di mezzo, nonostante un'esperienza da onorevole e una da assessore alla Cultura, ha sempre preferito lasciare che la musica parlasse per lui. Il suo periodo d'oro è datato primi anni Sessanta, ma dovrà attenderne venti prima di riesplodere come autore e interprete in grado di conciliare i gusti di due generazioni. A partire dal 1984, anno di *Una lunga storia d'amore* (canzone dalla struttura insolita: due strofe seguite da due ritornelli), un'avventura in discesa contrassegnata da una Targa del Club Tenco (1984), un tour di successo per l'Italia con la Vanoni (1985), la scrittura del testo di *Come al sole all'improvviso*, il gospel bianco di Zucchero Fornaciari (1986), bissato l'anno successivo dalla hit rhythm & blues *Con le mani* (1987), fino alla vittoria nel 1991, a quasi 57 anni, del Festivalbar.

La canzone responsabile di tanto si intitola *Quattro amici*. La musica è molto orecchiabile e si presta a un ascolto estivo, l'arrangiamento è ruffiano al punto giusto, risultato: un'irresistibile ballata reggae. Ma la musica serve da supporto a un testo che fa pensare. Paoli ricorda la sua gioventù, attraversata prima dai sussulti dell'esistenzialismo e poi dalla contestazione, quando con gli amici cercava la strada per cambiare il mondo, tempi di fertili discussioni, vitali apprensioni, generose proiezioni rivoluzionarie:

> Eravamo quattro amici al bar
> che volevano cambiare il mondo,
> destinati a qualche cosa in più
> che a una donna ed un impiego in banca.
> Si parlava con profondità
> di anarchia e poi di libertà...

Poi si sa come vanno queste cose: uno degli amici si impiega davvero in banca, l'altro se ne va al mare con la donna, il terzo si chiude in casa. Gino rimane da solo al bar a meditare sulla sconfitta della sua generazione, che ha perso politicamente forse perché, come la canzone sembra suggerire, non ha fatto i conti al momento opportuno con i piccoli egoismi quotidiani, la triviale saggezza del "cambiare tutto perché nulla cambi davvero", la cultura del posto fisso, la logica del "vai avanti tu che io intanto vedo che aria tira", l'individualismo carrieristico che covava sotto molti eskimo e dietro le barbe lunghe tre dita, la troppa fretta di distruggere tutto senza un progetto preciso di ricostruzione, il pericolo strisciante di un nuovo conformismo ideologicamente totalizzante, i semi della stagione terroristica.

Ottima trasposizione cinematografica in questo senso è *La meglio gioventù* (titolo omonimo di una raccolta di poesie di Pier Paolo Pasolini), di Marco Tullio Giordana, 2003: la storia di una famiglia, padre romano e madre milanese, i cui figli vivono il loro periodo di formazione negli anni Sessanta, partecipando da sponde opposte alla contestazione, dove alla fine si capisce che la sola rivoluzione possibile è quella interiore e consiste nella capacità di succhiare il midollo della vita anche dove questo sembra non esserci, mantenendo coerenza e imparando dagli errori.

Il pomeriggio sembra filare via liscio, ma ecco che a questo punto nella canzone succede qualcosa:

> E quest'oggi poi verso le tre
> son venuti quattro ragazzini
> / ... /
> Li sentivo chiacchierare:
> han deciso di cambiare
> tutto questo mondo che non va.

La musica sembra finire, poi la sorpresa: in coda alla canzone parte l'inciso di *Vita spericolata*, con lo stesso Vasco Rossi alle parti vocali. Una trovata geniale. Paoli vuole marcare un passaggio di testimone e segnalare che ogni generazione ha i suoi slanci vitali. Non importa che si tratti di corsi e ricorsi, pertanto destinati a fallire: vada come vada, qui l'intenzione conta più del risultato, perché in casi come questo *intenzione* significa ricerca, energia, curiosità intellettuale. La ribellione è sintomo di sanità mentale, smania di guardare in faccia le cose, prendere il destino per le corna, godere dell'incertezza, del brivido del rischio, sperimentarsi nell'ignoto, non accontentarsi: trasformare il transito terreno in rito apotropaico per uscirne definitivamente rinnovati.

Ma di solito succede che la cosiddetta età adulta, col suo grigiore istituzionale, ci capitomboli addosso come un perfido macigno e che il giovane e brillante laureato si appresti con baldanza a rinnovare il mito di Sisifo, il poveraccio condannato per l'eternità a spingere un enorme sasso fino alla cima di un monte, dal quale sempre ricadeva alla base, per poi risospingerlo di nuovo, e poi di nuovo ecc. Ci si àncora alla banalità quotidiana, si soffocano gli slanci emozionali, si perde il gusto del gioco, dimenticando le doti peculiari messe in circolo per "impadronirci" del nostro posto nel mondo e costruire un'identità sulla differenza e non sull'omologazione, si mette zelo nell'ubbidire alla legge che presume di certificare la maturità di una persona non tanto in base alla sua capacità di usare la ragione, quanto alla sua capacità di inibire la creatività, lo stupore, la meraviglia. E se poi si diventa manager a farne le spese sono anche le aziende.

Il punto è questo: nelle aziende non si fa che parlare dell'importanza del cambiamento, si studiano le tecniche del pensiero laterale, si applica il reenginering, ma le cose non migliorano, o meglio non cambiano. Proprio come quando da uno scoglio osserviamo una bottiglia di plastica nel mare, che nonostante il moto ondoso rimane lì dov'è, così le aziende ci appaiono ferme nella loro pachidermica immobilità. Il problema, l'abbiamo già suggerito, non sta nei processi, ma nelle persone. Non basta, come spesso si dice, che i manager promuovano il cambiamento: lo devono interpretare, portare sulla propria pelle, dare l'esempio. Gli ostacoli non sono semplici.

Ve ne sono di psicologici: l'uomo tende a ripetere schemi che si rivelano funzionali, rispetto ai quali va sul sicuro, al riparo da sorprese e imprevisti, spesso ingaggiando automatismi che lo fanno scadere nel grottesco. Osservatelo al lavoro: parcheggia sempre nello stesso posto, fa le pause alla stessa ora, mangia con le stesse persone e allo stesso tavolo. Osservatelo a casa: compie le azioni in sequenza e non è un caso se si parla del rito della colazione, rito del bagno ecc., riesce persino a fare l'amore sempre allo stesso modo e sempre con la stessa persona (ma ogni volta pensando a una diversa!) e quando va al bar gode nel dire al cameriere: "Il solito, grazie".

Gli ostacoli tuttavia possono essere anche di natura più complessa, neurofisiologica. Il filosofo e scienziato Bertrand Russell, per spiegare in modo divulgativo il moto dei corpi celesti, ha coniato la definizione di "pigrizia cosmica": i pianeti percorrono le loro orbite seguendo le traiettorie che comportano il minimo dispendio di energia. Allo stesso modo l'essere umano potrebbe dunque tendere a conservare l'energia che ha investito nell'elaborare un comportamento, con l'effetto di ripetere quel comportamento in modo meccanico, spesso anche insistendo con acrimonia in una particolare direzione per non veder crollare il muro edificato intorno a una scelta che si percepisce sbagliata, ma che si ha paura di accettare come tale (tipico il caso delle coppie attaccate con lo sputo delle abitudini comuni, ma nei sentimenti e nella passione ormai irrimediabilmente separate).

Tra i corpi celesti e le persone c'è però una differenza fondamentale: ai pianeti non succede nulla perché il bilanciamento creato dalla forza di gravità impedisce, ad esempio, che la Luna rovini sulla Terra e a sua volta la Terra sul Sole; l'uomo e le organizzazioni da lui create, aziende comprese, rischiano invece di innescare una progressiva e inesorabile deriva proprio perché non hanno una controparte al di fuori di sé. Il sistema si disgrega a poco a poco e il disordine aumenta, un po' come avviene nel movimento delle molecole dell'acqua quando passano dallo stato solido a quello liquido. Ed è ciò che accade nelle aziende quando risulta evidente che ci si è allontanati dal core business, si è dimenticata la mission e la vision sembra più un quadretto da appendere che non una promessa da mantenere. I periodi di crisi sono altamente rivelatori della resistenza al cambiamento: molte aziende riescono a dettagliare con grande precisione ed efficacia le cause della perdita di profitto e tuttavia faticano moltissimo a implementare soluzioni che non siano mera apparenza. In alcuni casi, quasi che l'azienda fosse immersa in uno stato ipnotico, sembra che ci si accontenti di compilare adeguatamente la reportistica, come se la descrizione di una situazione problematica corrispondesse già ad averla risolta. In altri casi, e sono molto frequenti, i ritardi sistemici dovuti alla complessità organizzativa e l'inerzia nella reattività agli stimoli esterni hanno la meglio su propositi anche buoni, ma non sufficientemente sostenuti dalla convinzione del management.

Il manager che vuole affrontare il cambiamento si trova di fronte a questo problema: sa di doversi muovere senza punti di riferimento, ma deve essere un punto di riferimento per gli altri. Ebbene, è proprio questa capacità di navigare in acque perigliose come il battello ebbro di Rimbaud a fare la differenza. Un manager che non sa convivere con l'incertezza probabilmente ha sbagliato lavoro: la sicurezza non viene dal cielo, ma dalla realizzazione di una possibilità che il manager si è dato. Dalla sicurezza emergerà una nuova possibilità e si tornerà all'incertezza e via così, in un moto perpetuo che per mezzo delle oscillazioni di un pendolo definisce superbamente il *tempo* del manager. Spetta al manager fare il primo passo – ha gli occhi di tutti puntati addosso – e deve farlo. Quando i dipendenti dicono che il loro manager "non ha le palle", intendono che non è capace di rischiare. Non si aspettano che sia un superuomo, sono assolutamente disposti a tollerare i suoi limiti e le sue fragilità – sanno che il coraggio si saggia attraverso la paura – ma si aspettano, e con diritto, che sia il manager ad aprire la strada.

Come si impara a nuotare? Nuotando. Come si impara a guidare? Guidando. E allora come si impara a cambiare? Cambiando. La forza del cambiamento può arrivare solo dal cambiamento stesso. Introiettare questa consapevolezza fa del manager la persona adatta a promuovere il processo. Assumere questo dato è già un cambiamento perché sancisce una sorta di rivoluzione interiore, una conversione del manager verso una deontologia più sottile che vede l'instaurazione di un rapporto coi dipendenti basato al contempo sulla razionalità e sulla fiducia, sulla capacità di rispondere alle aspettative dichiarate per contratto così come a quelle latenti. *Non si cambia fuori se non si cambia dentro*: questa è l'unica, vera, grande sfida dell'autoformazione manageriale.

Ascolti correlati
I Gufi, *Io vado in banca* (*Il cabaret dei Gufi*, Columbia, 1966)
Antonello Venditti, *Compagno di scuola* (*Lilly*, RCA, 1975)
Francesco Guccini, *Eskimo* (*Amerigo*, EMI, 1978)
The Clash, *I Fought the Law* (*The Cost of Living*, CBS, 1979)
Vasco Rossi, *Stupendo* (*Gli spari sopra*, EMI, 1993)

11. Fiducia

L'impegno e il coinvolgimento possono tradursi in obiettivi raggiunti solo se si crede in se stessi. La *self confidence* e la *self leadership* sono fattori cruciali per lo sportivo, l'imprenditore e, più in generale, per tutti quelli che almeno una volta nella vita hanno provato a coltivare un sogno. Il confronto serrato coi propri valori e la propria storia marca la differenza tra le persone autentiche e gli eterodiretti. L'uomo agisce meglio quando crede in qualcosa e le corporation, come le istituzioni, lo sanno benissimo. Ma non sarà mai una spinta motivazionale solamente esterna a trasformare un uomo o a farne esplodere il potenziale, bensì il coraggio di aver scrutato il proprio abisso e avervi raccolto le energie più pure. Sperimentato questo, non ci si vergognerà mai di una scelta consapevole né di una sconfitta e neppure di un fallimento.

Ragazzo mio di Luigi Tenco, che qui si consiglia nella versione della Berté prodotta da Ivano Fossati, è una canzone sulla fedeltà ai principi. Tirare dritto, avanti per la propria strada, come Ulisse tra le sirene: un secco no anche alla sola possibilità di avere dei rimpianti. Una canzone contro la tirannide della maggioranza che livella verso il basso, deprimendo gli slanci creativi e facendo dell'approvazione sociale l'unico totem degno di venerazione.

La costruzione di un amore di Ivano Fossati descrive la fenomenologia dell'investimento emotivo e invita a mettere in conto la precarietà di tutte le realizzazioni, anche le più desiderate e sudate. Vale allora l'attenzione al momento presente, a godere pienamente dell'esperienza che stiamo attraversando, in alcuni casi perché certe cose le abbiamo profondamente volute e in altri perché nella vita le cose semplicemente accadono.

Lottare per un obiettivo e uscirne suonati provoca crisi di identità, conflitti di coscienza, ripiegamento interiore e paralisi dell'azione. Edoardo Bennato in *Un giorno credi* affronta questo tema dal punto di vista di chi consiglia, facendo animo, la necessità di una rivincita che è sempre a portata di mano, a patto che si coltivi la passione.

Ancora Bennato con *L'isola che non c'è* sottolinea l'importanza del sogno, non tanto ai fini della sua realizzazione quanto per stimolare la voglia di fare e tenere desta l'intelligenza. Rinunciare a sperare è come sottoscrivere una morale da schiavi, dove si starà anche in buona compagnia con la maggior parte della popolazione, ma dove la catalessi della creatività e l'accettazione acritica di un modello dominante finiranno col procurare una solitudine esistenziale ben più grave di quella avvertita durante il libero volo dell'aquila che portiamo nel petto.

Ragazzo mio

Autore: *Luigi Tenco*; Interprete: *Loredana Bertè* (*1984*)

Questa canzone parla della coerenza con se stessi, del rispetto delle proprie radici e della costante, fedele ricerca del proprio posto nel mondo.

Nel 1964 Luigi Tenco scrive uno dei suoi capolavori, un brano dedicato alla madre, che ha valore di manifesto. La musica – per struttura armonica e andamento melodico molto più simile a quanto stava sviluppando nella *popular music* americana un certo Bob Dylan, che non alle citazioni francesizzanti ormai ben insediate nella nascente canzone d'autore italiana – nella registrazione originale dell'autore è tuttavia rivestita di un arrangiamento orchestrale molto greve, denso di ridondanze barocche, che ha solo l'effetto di appesantire la lettera anziché valorizzarla. Basta eseguire *Ragazzo mio*, come altri brani del cantautore genovese, con un solo strumento per rendersi conto di quanto, ridotte all'essenziale, queste canzoni stiano in piedi da sole, rilucendo di un fulgore che deve la sua magia all'inscindibile unità musico-testuale.

Vent'anni dopo, a un altro ligure doc che ha nome Ivano Fossati spetterà il merito di sdoganare *Ragazzo mio*, spogliandola del pastrano originale per consegnarla a una sartoria pop-rock tipicamente anni Ottanta: chitarre elettriche effettate, rullante riverberato in bella evidenza. Risultato: la canzone guadagna così tanto che sembra appena scritta; il testo svetta nel suo messaggio senza tempo; l'interpretazione è affidata a Loredana Berté, eroina pop-rock del momento, assolutamente indovinata nel suo misurato strazio di leonessa ferita. *Savoir faire* è il terzo album in tre anni prodotto da Ivano Fossati per la Berté e, come nei casi precedenti, le scelte artistiche non deludono, basta citare almeno altri due brani di valore: *Non finirà* (del sodalizio Enrico Ruggeri-Luigi Schiavone) e *Una sera che piove* (di Bernardo Lanzetti). Ma il traino dell'album, che convince tutti al primo ascolto, è *Ragazzo mio*, la riscoperta tenchiana.

La canzone è una riflessione sul significato dell'impegno, una specie di sanzione positiva espressa nei confronti delle battaglie della vita, un'esortazione a seguire una strada fatta di valori forti e chiari, certificati nella coscienza e sbandierati in faccia alle pacche sulla spalla che troppo facilmente riceviamo dai gatti e dalle volpi che incontriamo lungo il cammino. Una canzone che non inibisce il sogno, ma lo pone al vaglio della concretezza, intimando il disprezzo per le scorciatoie, le tentazioni del condizionamento sociale, l'addomesticamento della personalità, la rinuncia alla propria individualità profonda nel nome di un guadagno facile o di una rendita di posizione gravata dall'omologazione. Una canzone a suo modo di protesta, che non suona come slogan barricadero ma come privato consiglio:

> Ragazzo mio, un giorno ti diranno che tuo padre
> aveva nella testa grandi idee,
> ma in fondo poi non ha concluso niente.
> Non devi credere, no, vogliono fare di te
> un uomo piccolo, una barca senza vela...

È una persona d'esperienza che parla, che invita a tener fede ai principi, perché alla fine sono questi che fanno l'uomo, non meno dei risultati, e che riporta le illusioni alla loro giusta dimensione:

> Ragazzo mio, un giorno i tuoi amici ti diranno
> che basterà trovare un grande amore
> e poi voltar le spalle a tutto il mondo.
> No, no, non credere, no, non metterti a sognare
> lontane isole che non esistono...

Parole dure, amare, in apparente contrasto con la sete di vita e la fame di felicità di un giovane pieno di esuberanza. Ma è il buon senso a parlare, non il luogo comune. Qui si sale di un tono:

> Ragazzo mio, un giorno sentirai dir dalla gente
> che al mondo stanno bene solo quelli
> che passano la vita a non far niente.
> No, no, non credere, no, non essere anche tu
> un acchiappanuvole che sogna di arrivare...

L'acchiappanuvole è colui che vive dei fantasmi e delle chimere che si è lasciato inculcare dalla società, sostituendo i bisogni profondi e la naturalità delle sue inclinazioni con qualche modello di successo che lo trasforma in "servo sciocco" o, più modernamente, in "coglione". Sono acchiappanuvole tutti quelli che "bisogna fare le cose al momento giusto" e così si laureano, si sposano, figliano, lavorano, ingrassano, fanno il trenino a capodanno e perdono i capelli nell'attesa di morire d'infarto leggendo sulla *Gazzetta* dell'ultimo ciclista dopato o del colpaccio di mercato del Milan. Come sono acchiappanuvole quelli che fanno buon viso a cattivo gioco, chiudendo gli occhi di fronte alla miseria della loro ricchezza, all'opacità dei loro lustrini, alla spensieratezza del bestiame da ingrasso, delle pecore da tosare e degli agnelli pasquali; quelli che si indignano per le tragedie familiari, gli stupri selvaggi, la Cecenia, la Birmania, ma che "basta che non tocchi a me!".

Insomma, sono acchiappanuvole tutti quelli che scelgono consapevolmente il blackout esistenziale e abbassano spontaneamente la saracinesca del cervello per non pensare più e finalmente rilassarsi con *I Cesaroni*.

Ragazzo mio, al contrario, e qui il messaggio si rivolge potentemente anche ai manager, è l'essenza della responsabilità: tatuaggio sul cuore, arcobaleno della coscienza, lanterna nei torbidi della psiche, estremo omaggio della fedeltà alle proprie consegne. *Ragazzo mio* è la *possibilità* incarnata, divenuta essere umano.

Viene in mente un giovanissimo Springsteen, quando nel 1972 si presentò al provino per la Columbia cantando *Growin' up*, una canzone che mostra il lato privato della ribellione, fatto personale prima che sociale:

> Decollai con un B-52 e li bombardai tutti con il blues
> e con le mie manovre li costrinsi ostinato ad ascoltarmi.
> Ruppi tutte le regole, mitragliai il mio vecchio liceo,
> non pensai mai di atterrare.
> Mi nascosi nella rabbia confusa della folla,
> ma quando mi dissero "vieni giù", vomitai.
> Oh… stavo crescendo.

Sono le difficoltà della vita spesso a farci capire chi siamo, le porte strette per le quali ci tocca passare a definire il nostro valore, le decisioni che prendiamo, la tenacia che ci portiamo in tasca, la capacità di marciare a testa alta «*et ventis contrariis*» (anche controvento, direbbe d'Annunzio) e di tirare fuori il meglio di noi. Capita che ci si imbarchi nelle avventure lavorative armati delle migliori intenzioni per poi cadere nelle trappole del business. A questo punto probabilmente ci giochiamo la partita più difficile: le pacche sulla spalla ci hanno portati molto lontano, certo, ma anche lontano da noi stessi.

Wall Street di Oliver Stone (1987) spiega bene tutto questo quando Buddy, il giovane e aggressivo manager della finanza americana, confrontandosi con la coerenza e la dignità del modello paterno (il padre è operaio specializzato di una compagnia aerea e da sempre è impegnato in battaglie sindacali per la tutela del posto di lavoro), ridiscute la sue scelte di vita, facendo ammenda dei suoi errori professionali. I successi di Hollywood grondano di personaggi che si redimono senza falsa retorica, segno forse di una società opulenta che dietro la maschera dell'ostentazione e della rincorsa al successo intuisce i pericoli dello sradicamento.

Il socio (regia di Sydney Pollack, 1993), film tratto dal romanzo omonimo di John Grisham, racconta la storia di Mitch McDeere, un brillante laureato in legge che scala rapidamente i vertici dell'avvocatura, ma scopre che lo studio di cui è associato è solo una copertura per la mafia di Chicago. Senza saperlo aveva fatto un patto col diavolo. Sceglie di far saltare il banco e qui si assiste a una considerazione interessante. Mitch sta parlando con Waine, agente FBI, e gli dice:

> Vuoi sapere qualcosa di divertente? Sei stato proprio tu a farmi riflettere sulla legge. Ho fatto tre anni di facoltà di legge senza riflettere un attimo sul suo significato.

Riflessione potente, segnale di quanto l'istruzione, priva di un ancoraggio morale e civico, possa contribuire alla dannazione di una società. Il dialogo prosegue:

Wayne: Non ti capisco. Perché l'hai fatto? Non ha vinto niente!
Mitch: Oh sì invece, ho ripreso la mia vita.

Almeno al cinema, la coscienza qualche volta vince. Non diversamente da Jerry Maguire, il protagonista del film omonimo (regia di Cameron Crowe, 1996), interpretato anche qui da Tom Cruise, è un procuratore sportivo che viene licenziato dopo aver diffuso nell'azienda per cui lavora una relazione scritta di suo pugno in cui invita i colleghi a recuperare etica e umanità. Una voce che grida nel deserto, ma che alla fine troverà la sua rivincita, partendo dal recupero della stima di sé.

Sono momenti, questi, che devono rimanere ben presenti nella testa del manager perché un giorno, quando anche l'ultimo organigramma avrà stabilito il suo livello di "incompetenza" (nel senso che non avrà accesso a posizioni più elevate) e le pacche sulla spalla saranno finite, a fare i conti si troverà da solo, faccia a faccia con un'immagine che trascolora – le musiche dissolvono, la ribalta si quieta – e, come da un cono di luce centrato sul petto, vedrà riaffiorare la sua lontana educazione, il suo passato mitico, i suoi legami profondi e spirituali: una lunga teoria di flashback cui non potrà fare a meno di tendere con la stessa ansia con cui per decenni ha affrontato le sfide della carriera davanti a sé. Quanto più vi si riconoscerà, quanto più facilmente si concilierà col ragazzo che è stato e tanto più potrà dire che, comunque sia andata, non è stato invano.

Nel management, come nella vita, prima o poi tutto torna a bussare alla porta.

Ascolti correlati
Bob Dylan, *Forever Young* (*Planet Waves*, Columbia, 1974)
Francesco Guccini, *L'avvelenata* (*Via Paolo Fabbri 43*, EMI, 1976)
Pierangelo Bertoli, *A muso duro* (*A muso duro*, Ascolto, 1979)
Bruce Springsteen, *No Surrender* (*Born in the USA*, Columbia, 1984)
Ivano Fossati, *Il disertore* (*Lindbergh*, Epic, 1992)

La costruzione di un amore

Autore: *Ivano Fossati*; Interprete: *Ivano Fossati* (*1981*)

Questa canzone invita a riflettere sulla precarietà delle realizzazioni umane e quindi a godere pienamente di quanto di buono si sta facendo.

Ivano Fossati passa buona parte degli anni Settanta attraversando gli stilemi della musica progressiva alla ricerca di una dimensione originale. Il successo gli arride definitivamente nel 1979, a valle di un lungo apprendistato anche come autore di larga fama (Berté, Oxa, Martini, Pravo), con la pubblicazione di *La mia banda suona il rock*, lavoro di grande spessore melodico-testuale, registrato a Miami con l'apporto di musicisti prestigiosi (si ricorda George Terry, il chitarrista che era stato l'artefice del ritorno al successo di Eric Clapton con l'album *461 Ocean Boulevard*, dopo una lunga parentesi in balìa di alcol e droga). Bisognerà attendere il 1981 e la pubblicazione di *Panama e dintorni* (altro album di impianto nordamericano quanto a sonorità e tecnica strumentale, ma si noti la convincente incursione nel mondo brasiliano di *Se ti dicessi che ti amo*) per ascoltare *La costruzione di un amore* nella versione dell'autore (era già stata incisa da Mia Martini nel 1978) e per capire subito che ci si trova di fronte a un classico.

Canzone spinosa per lo stesso Fossati (la reinciderà nel 1988 per la Columbia nell'album *La pianta del tè*, non soddisfatto di come l'aveva cantata anni prima e dimezzandola nel primo chorus), questo brano non viene incontro con sorriso amico e non si preoccupa dei convenevoli: è un qualcosa che scoppia nello stomaco e invade il corpo con un'irruenza inaspettata. È una musica di selezione, nel senso che è così vicina all'esperienza reale da trovare il plauso incondizionato di tutti quelli che hanno provato a mettere tutta la loro vita in un progetto, soffrendo dell'immolazione volontaria, ma proprio per questo apprezzando ogni singolo istante così per come il destino ce l'ha offerto. Una specie di dolce naufragio, per citare Leopardi, nel mare della vita vissuta fino in fondo e non puramente pensata. La melodia stessa ricorda il moto del mare, con le strofe a rappresentare la pancia dell'onda, le parole caracollanti le une sulle altre con incedere irregolare e sofferto, e i ritornelli a fare da cresta, agevolati da un salto di tonalità di terza ascendente e da una squadernata di violini che accentua l'apertura melodica. Il testo è denso di immagini incisive:

> La costruzione di un amore
> spezza le vene delle mani,
> mescola il sangue col sudore
> se te ne rimane.
> La costruzione di un amore
> non ripaga del dolore,
> è come un altare di sabbia
> in riva al mare.
> La costruzione del mio amore
> mi piace guardarla salire
> come un grattacielo di cento piani
> o come un girasole.
> Ed io ci metto l'esperienza
> come su un albero di Natale,
> come un regalo ad una sposa:
> un qualcosa che sta lì
> e che non fa male.

Una canzone sul coraggio della fatica e sulla dedizione a uno scopo. L'amore qui diventa metafora del sacrificio offerto a un ideale, della pazienza, della cura, dell'apprensione che contraddistinguono un impegno assoluto. Rivivono nella canzone l'eroismo di chi non si risparmia e di chi non calcola, la bellezza di chi ha saputo fare la *sua* scelta, la purezza di chi ha provato a cercarsi oltre le maglie sociali, nonostante la consapevolezza che i risultati sono appesi a un filo, che la volontà da sola non è garanzia di durata:

E la fortuna di un amore
come lo so che può cambiare,
dopo si dice l'ho fatto per fare
ma era per non morire…

Lo spettro del fallimento incalza come gli incubi di Macbeth, ma dov'è il problema? Non c'è alcuna vergogna quando ci si è buttati anima e corpo nel fango della vita, quando non si è rimasti alla finestra ma si è scesi per strada, magari annaspando tra alterne fortune, rovistando selvaggiamente tra emozioni, speranze, maledizioni e rimorsi, sfiorando il lastrico, l'annientamento, la pazzia, ma comunque vivendo.

Solo allora, quando con Vasco Rossi si capisce che «la vita è un brivido che vola via / è tutto un equilibrio sopra la follia» (*Sally*, 1996) e si riesce a «vivere, anche se sei morto dentro» (*Vivere*, 1993), solo allora si impara a dare valore anche al più piccolo degli istanti, a capire che la vita è qui, è adesso: un cuore pulsante al centro della Terra, la calda folata dell'anima del mondo, niente a che spartire con la razionalità progettuale che accarezza il quieto vivere borghese. Vengono in mente il De Gregori di *Caterina* (dall'album *Titanic* 1982):

E la vita Caterina lo sai non è comoda per nessuno,
ma se vuoi gustare fino in fondo tutto il suo profumo
devi rischiare la notte, il vino, la malinconia,
la solitudine, le valigie di un amore che vola via…

o la prolusione all'anno accademico tenuta dal professor Keating (*L'attimo fuggente*, 1989), quando si presenta ai nuovi studenti portandoli di fronte alle foto dei vecchi allievi di Welton, ormai ridotti a «concime per i fiori», e li invita a rendere «straordinaria la propria vita».

Solo allora ha senso, è giusto, è sacrosanto abbandonarsi all'istante e goderne pienamente come di una conquista ardentemente voluta e meritata:

E intanto guardo questo amore
che si fa più vicino al cielo
come se dopo tanto amore
bastasse ancora il cielo...

Poi, che sia un amore o una carriera da manager, accada quel che deve accadere, andrà bene comunque, purché ci siamo dati il tempo per capire che il vero successo è quello di avercela messa tutta. È un problema di prospettiva: il manager non può limitarsi a voler arrivare da qualche parte per contemplare all'infinito la sua vetrina di riconoscimenti, premi e denari come uno sportivo di successo, perché su queste cose si ammucchierà la polvere. Chi invece è riuscito a bruciare tutto il suo fuoco, chi tante volte è caduto e altrettante si è alzato, chi pur non essendosi mai tirato indietro ha saputo dare il giusto peso alle cose e ha imparato che lottare per una vision è più bello quando si apprezza il valore della condivisione, beh, questo è il manager che ha saputo vivere gli istanti in modo così intenso da essersi fuso con essi, imparando che è il gusto per i dettagli a fare di un'esperienza un capolavoro.

La carriera di un manager sicuramente ha oggi più che mai la precarietà di «un altare di sabbia in riva al mare»: proprio per questo fare finta di niente e comportarsi come una pedina di una scacchiera, programmata per mangiare i suoi simili (è curioso come nel gioco degli scacchi mangiare una pedina corrisponda a prenderne il posto...) fino ad arrivare al re, è limitante. La carriera non è un percorso obbligato: quanto più ci si lascia invadere dalla realtà, tanto più si scoprono le opportunità, le strade secondarie, che a loro volta sono tanto più significative quanto più dalla meticolosità e dal disincanto dell'osservazione si sono tratti insegnamenti. Sul lavoro, per vivere bene il momento e "abitare" il tempo bisogna lasciar cadere il pregiudizio ed evitare le categorie. L'atteggiamento giusto – è un fatto di disciplina, e non di utopia – è affrontare le dinamiche aziendali con la stessa pazienza mista a stupore che ci mette uno scienziato quando esplora la complessità di un atomo. È lo stesso Fossati a indicare la strada in un'altra canzone, *La pianta del tè* (dall'album omonimo):

> E non è rosa che cerchiamo, non è rosa
> e non è rosa o denaro, non è rosa
> e non è amore o fortuna, non è amore
> che la fortuna è appesa al cielo e non è amore.
> Chi si guarda nel cuore
> sa bene quello che vuole
> e prende quello che c'è.
> Ha ben piccole foglie…
> la pianta del tè.

Ascolti correlati

Lucio Dalla, *L'anno che verrà* (*Lucio Dalla*, RCA, 1979)
Claudio Baglioni, *La vita è adesso* (*La vita è adesso*, CBS, 1985)
Ivano Fossati, *Lindbergh* (*Lindbergh*, Epic, 1992)
Vasco Rossi, *Vivere* (*Gli spari sopra*, EMI, 1993)
Vasco Rossi, *Sally* (*Nessun pericolo… per te*, EMI, 1996)

Un giorno credi

Autori: *Edoardo Bennato, Patrizio Trampetti*; Interprete: *Edoardo Bennato (1973)*

Questa canzone parla della possibilità di riprendere quota dopo una grande sconfitta o una cocente delusione.

Facendo seguito a un'importante gavetta come autore, già lunga nonostante la giovane età, Edoardo Bennato approda alla Ricordi, la casa discografica che nel 1973 gli consente la pubblicazione del suo primo album, *Non farti cadere le braccia*, lavoro dai molteplici spunti che possiede in sé tutte le cellule germinali dalle quali scaturiranno, in un crescendo di qualità e popolarità e in ragione di una continuità stilistico-tematica, tutte le prove successive, fino agli apprezzatissimi concept album dedicati alle avventure di Pinocchio (1977) e di Peter Pan (1980). A conti fatti, possiamo dire che Bennato è stato l'artista italiano che meglio ha saputo ruminare i capisaldi della musica popolare americana, dal blues più sanguigno e rurale al pop più frizzante e patinato veicolato dalla nascente comunicazione televisiva, interpretati con un timbro vocale molto personale e una tecnica chitarristica (eminentemente acustica, a 6 e 12 corde, con l'italianissima Eko di Recanati) mai sopra le righe e ben protesa sul versante ritmico.

Un giorno credi, scritta in collaborazione con Patrizio Trampetti della Nuova Compagnia di Canto Popolare, è una delle sue canzoni più famose, uno di quei brani che prendono il volo e che anche le nuove generazioni cantano, talvolta senza conoscerne l'autore. Verrà riproposta già l'anno successivo nell'album *I buoni e i cattivi* (1974). La musica di *Un giorno credi* è sostanzialmente giocata sulla ripetizione di una strofa di quattro versi a cui sottende un accompagnamento di chitarra acustica, progressivamente rafforzato da un crescendo orchestrale di archi e fiati; l'ultima strofa viene ripetuta due volte e cantata un'ottava sopra.

Il testo parla di un musicista che non riesce a sfondare e vive la depressione altalenante tipica di questa condizione:

> Un giorno credi di esser giusto
> e di essere un grande uomo,
> in un altro ti svegli e devi
> cominciare da zero.

La tentazione di mollare tutto, di rinunciare ai propri sogni e di chiudersi nella disperazione della sconfitta è forte. Ma l'io narrante, da buon coach, conosce le parole più appropriate:

> A questo punto non devi lasciare:
> qui la lotta è più dura, ma tu
> se le prendi di santa ragione
> insisti di più.

> Sei testardo, questo è sicuro
> quindi ti puoi salvare ancora,
> metti tutta la forza che hai
> nei tuoi fragili nervi.

Qui non viene messo in scena il tema del successo ad ogni costo, il complesso di chi vuole essere il numero uno. Il punto di vista è molto più sottile: *Un giorno credi* vuole fotografare lo stato psicologico della frustrazione per un risultato che non arriva, che degenera nella mancanza di fiducia nei propri mezzi fino alla crisi d'identità. Situazione frequente nel mondo manageriale, tipica di quando gli sforzi non vengono riconosciuti, gli obiettivi assegnati sono irraggiungibili, i compagni di viaggio non sono disposti a condividere le nostre ansie. Il vero pericolo occorre quando lo stress da prestazione degenera in quel particolare tipo di nevrosi che porta il manager a identificare il senso dell'Io coi risultati attesi e a sviluppare un senso di fallimento personale. Situazione pericolosa perché fa sì che il manager offra spontaneamente il suo collo da decapitare all'insano gioco delle pressioni aziendali, togliendo lucidità all'elaborazione razionale e minando la capacità di dare il giusto peso alle cose, al fine di individuare le migliori opportunità e fare appello alle proprie risorse interne.

Va da sé che l'identificazione del soggetto con l'oggetto di una prestazione è del tutto illegittima oltre che fittizia e che la capacità del manager di mantenere ben distinti il comportamento di un individuo dalle componenti identitarie dell'individuo stesso che lo attua costituisce una chiave di volta importante della gestione del personale. Questo vale sia quando il problema riguarda lui stesso sia quando si tratta di esporre una critica a un collaboratore. In questo senso *Un giorno credi* invita a riflettere sull'importanza di avere accanto qualcuno che sappia darci forza, aiutandoci a riallineare i nostri obiettivi e a ristrutturare una situazione di crisi secondo parametri più distaccati (con Machiavelli: «...chi vede il diavol daddovero / lo vede con men corna e manco nero»).

Quando ti alzi e ti senti distrutto
fatti forza e vai incontro al tuo giorno,
non tornar sui tuoi soliti passi,
basterebbe un istante.

Il tema del coaching, se si allarga il campo d'indagine alla letteratura, può registrare situazioni particolari sulle quali è bene che il manager rifletta attentamente.

È il caso di un episodio che si legge nel libro (per ragazzi?) *Le avventure di Pinocchio. Storia di un burattino*, di Carlo Collodi (1883). Pinocchio viene inghiottito dall'enorme Pescecane, lo stesso che due anni prima aveva inghiottito suo padre. Giunto nello stomaco incontra un Tonno filosofo che lo invita a rassegnarsi all'idea che presto saranno digeriti e saggiamente sentenzia: «Quando si nasce Tonni, c'è più dignità a morir sott'acqua che sott'olio». Ma Pinocchio non si rassegna: ritrova suo padre ancora vivo, se lo carica sulle spalle e ritorna al mare, approfittando del fatto che il Pescecane, per via di un'asma bronchiale, dormiva con la bocca aperta. Pinocchio nuota tutta la notte, ma le forze cominciano a scemare. Quando sta per cedere ed essere sopraffatto dalle onde, ode la voce del Tonno filosofo che nel frattempo era fuggito anch'egli dal ventre del Pescecane, seguendo l'esempio del burattino: il Tonno filosofo lo invita ad aggrapparsi alla sua coda e lo conduce in salvo insieme al babbo.

Qui vediamo agire il *pessimismo della ragione* (il Tonno filosofo) e l'*ottimismo della volontà* (Pinocchio). E contrariamente ai luoghi comuni ci rendiamo conto che questi principi non sono due opposti che tendono a escludersi, ma che anzi hanno bisogno l'uno dell'altro per condurre a buon fine una missione. Pinocchio ha ricordato al Tonno filosofo cosa siano la spontaneità, l'attaccamento alla vita e in un certo senso la fede. Ma senza la roccia dell'esperienza e il cardine psicologico della maturità impersonati dal Tonno filosofo il giovane protagonista sarebbe finito male.

Qui si tratta di una favola, e allora si parla per simboli, ma ciò non toglie che un manager ne possa trarre l'insegnamento di coltivare in sé entrambe le istanze – ragione e volontà – e col tempo imparare a dosarle a beneficio suo e dei suoi collaboratori.

Ci sono situazioni in cui un manager si sente letteralmente attratto, rapito, sollevato dai suoi obiettivi: una passione profonda che gli fa dimenticare gli ostacoli e sostenere la fatica. È la fase della carriera in cui non si fanno domande, si accettano le avversità e si agisce per il gusto di agire. Sbrigativamente qualcuno sarebbe tentato di parlare di incoscienza, che prima o poi verrà redarguita dalle classiche bastonate che simpaticamente la vita ci riserva. Ebbene, il bravo manager deve sapere che chi si esprime in questo modo è il vero perdente, perché finge di ragionare in base a un modello di management centrato sulla legge e sull'ordine, ma spesso ha solo una tremenda paura di appassionarsi e di investire sulle sue emozioni: è una personalità irrisolta o invecchiata male che ammanta di falsa saggezza la sua essenza di nichilista passivo. Chi non riesce a gestire la passione di solito si vendica su quella degli altri, controllandola o incatenandola, il che equivale un po' a sopprimerla: atto dannoso, perché nel mercato attuale la passione è l'ariete che sfonda le barriere, è il teletrasporto sul pianeta-cliente, è la tenacia sostenuta dal sorriso. Il management senza passione finisce col promuovere un brand senza passione. E un brand senza passione, nell'era della comunicazione emozionale, cosa e come pensa di poter comunicare?

Diventa chiaro allora perché, come insegna *Un giorno credi*, un'importante funzione del management moderno sia quella di scaldare i cuori infreddoliti, ridare entusiasmo, incitare alla passione e stimolarci ad andare incontro al nostro giorno anche quando i nervi sono fragili. Perché per arrivare da qualche parte non basta *provarci*, magari mettendo in serie comportamenti formalmente corretti: bisogna *crederci*. Giunto al crepuscolo della sua parabola, un famoso dittatore disse che

Nessuno è mai vinto fino al giorno in cui si dichiara vinto. Da quel giorno c'è un vinto e un vincitore; mai prima.

Anche i reietti della storia, ogni tanto, andrebbero ascoltati.

Ascolti correlati
Luigi Tenco, *Vedrai vedrai* (*Luigi Tenco*, Jolly, 1965)
Bruce Springsteen, *The Rising* (*The Rising*, Columbia, 2002)
Eric Clapton, *Smile* (*461 Ocean Boulevard*, ed. deluxe, Polydor, 2004)

L'isola che non c'è

Autore: *Edoardo Bennato*; Interprete: *Edoardo Bennato* (*1980*)

Questa canzone spiega come esercitare la fantasia non significhi evadere dalla realtà, ma ambire al miglioramento della condizione umana.

Il 1980 registra forse il punto più alto della carriera di Edoardo Bennato. Raggiunta la maturità artistica, smaltito il successo di *Burattino senza fili* (Ricordi, 1977) – il pregevole concept album che dietro la messa in musica delle avventure dell'ingenuo Pinocchio lascia intravedere una feroce critica alla società –, Bennato si ripropone al pubblico con due album usciti quasi in contemporanea: *Uffa! Uffa!* e *Sono solo canzonette*. Il secondo, vero *masterpiece* dell'autore, riprende la struttura del concept album, questa volta ispirandosi al personaggio protagonista della pièce teatrale *Peter Pan, o il ragazzo che non voleva crescere* (di James Matthew Barrie, 1904), poi divenuta libro. Gli argomenti e la *vis* polemica dell'album sono più o meno gli stessi di *Burattino senza fili*, ma qui si pone un'attenzione particolare al conflitto tra *ragione* e *fantasia*, una dialettica serrata tra il mondo degli adulti e quello dei bambini.

L'isola che non c'è è la ballata folk che apre la seconda facciata dell'album. Bennato parte dall'indicazione di una rotta:

Seconda stella a destra
questo è il cammino
e poi dritto, fino al mattino...

per commentare amaramente che

Forse questo ti sembrerà strano,
ma la ragione
ti ha un po' preso la mano
ed ora sei quasi convinto che
non può esistere un'isola che non c'è.

Il punto è questo: più si cresce e più la ragion pratica finisce per soffocare la dimensione intuitiva. Il dato almeno in parte è naturale, nel senso che il comportamento umano è anche il risultato della riflessione sulle esperienze fatte, ma ciò che apertamente denuncia Bennato è che questo irrigidimento viene incoraggiato dal potere (ufficiale e occulto) che trae vantaggio dal fatto che l'uomo medio accetti una determinata visione della realtà come immodificabile, a senso unico, priva di alternative: una direzione obbligata che solo i pazzi possono invertire. Ogni sistema di potere, istituzionale come aziendale, ha interesse a mantenere intatti gli equilibri in corso e a presentarsi come il migliore dei mondi possibili, e per farsi dare ragione non lesina inganni, eufemismi, condizionamenti: in questo senso la metafora del volo, prerogativa del piccolo Peter, non rappresenta una fuga dalla concretezza, ma la possibilità di inquadrare il mondo da un'altra prospettiva. Come nell'aeropittura futurista, il mondo acquista un altro sapore e la nuova cornice offre un gusto per la vita e una voglia di azione insospettati.

Ma la ragnatela della ragione è sempre lì e incombe come un presagio oscuro:

Son d'accordo con voi:
non esiste una terra
dove non ci son santi né eroi.

E se non ci son ladri,
se non c'è mai la guerra
forse è proprio l'isola
che non c'è, che non c'è.

riprende *L'isola che non c'è*, beffardo controcanto all'utopia rock per eccellenza, *Imagine*, di quel John Lennon che proprio nel 1980 ci avrebbe tragicamente abbandonati. Ma è solo una provocazione tesa a mettere in guardia gli uomini dai tranquilli porti della maturità e della saggezza, molto più simili a cronicari dello spirito che a strade maestre per la serenità. C'è della filosofia in questa canzone: dal mito della caverna di Platone, in cui un uomo invita i suoi simili a uscire dal regno delle ombre scambiate per realtà, al bambino di Nietzsche, che gioca al "gioco della creazione", cioè semplicemente *vive* potendo fare a meno delle mediazioni concettuali. E c'è della poesia: la tematica del *fanciullino* con cui Giovanni Pascoli rivendica la necessità della spontaneità.

L'isola che non c'è è una canzone positiva, fondata sulla speranza, come nella migliore tradizione d'autore: da *We Shall Overcome*, il traditional accreditato a Pete Seeger che gli italiani hanno conosciuto nella versione di Joan Baez e più di recente in quella di Springsteen, per arrivare a *Pride* (*In the Name of Love*) degli U2, passando per *Blowin' in the Wind* di Bob Dylan, *A Change Is Gonna Come* di Sam Cooke, *Redemption Song* di Bob Marley. Canzoni che, se non hanno cambiato il mondo, sicuramente hanno contribuito a tenerlo desto e a dargli una coscienza. Canzoni che hanno spalancato finestre su realtà scomode, quelle che il manager dovizioso, concentrato sui propri obiettivi, non ha mai avuto il tempo di contemplare, ma che oggi, epoca in cui grazie all'accesso alle informazioni globali non si possono più negare gli effetti del sistema di mercato sulla devastazione umana e ambientale, impongono a chi è stata data una responsabilità il dovere di assumersela fino in fondo.

Non esiste l'azienda perfetta, semplicemente perché non esistono uomini perfetti. Ma tutto è perfettibile, tutto si può migliorare. Non è vero che non è mai cambiato niente: se l'uomo avesse ragionato così non avrebbe ancora scoperto la ruota. Le molle che attivano l'intelletto e spostano le masse energetiche sono le stesse in privato come al lavoro: la sfida, l'affiliazione, il potere, la conoscenza sono forze incessantemente operanti che producono risultati a patto di essere messe in circolo e coordinate da un'intelligenza ordinatrice che le orienta verso una meta chiara.

La realtà cambia un poco ogni giorno, ogni ora. E siamo ancora noi esseri umani a stabilire come, decidendo se spendere il nostro tempo a rincorrere piccole rendite individuali o se impiegarlo in un progetto comune. L'adattamento e la strategia fanno la storia dei popoli come delle organizzazioni: chi sta al comando ottiene qualcosa solo filtrando i progetti col distillato dell'entusiasmo. Il manager non ha scuse: fa parte del suo lavoro creare un sogno per sé e per chi lavora con lui, coltivarlo, amministrarlo, amarlo, come un prigioniero della passione.

> Lavoro su un sogno
> anche se a volte sembra così lontano,
> lavoro su un sogno
> e so che sarà mio, un giorno

canta Bruce Springsteen in *Working on a Dream* (2009), in ossequio alla nuova America di Obama. La musica nella politica, la musica nell'azienda, la musica nella società: l'invito a non farsi travolgere dalla mediocrità di un pensare in piccolo, testimoniando che è preferibile il muto dolore di un sogno che non si avvera al non aver sognato mai.

È un'inquietudine positiva quella di non sapersi accontentare, perché obbliga a stare desti, affamati, vivi. Dove c'è qualcosa che merita di essere migliorato ci deve essere un sogno, e tutto si può migliorare. Non la vita è sogno, ma il sogno è vita, sembra dirci Bennato. Il manager che sa sognare e trasferire il proprio ideale ai collaboratori porta in dote un vantaggio a qualunque azienda, perché il sogno è il più fidato e decisivo compagno di viaggio per affrontare l'inerzia di un destino cieco:

> Poi la strada la trovi da te, porta all'isola che non c'è.

Ascolti correlati
The Band, *I Shall Be Released* (*Music from Big Pink*, Capitol, 1968)
Crosby, Stills, Nash & Young, *Teach Your Children* (*Déjà vu*, Atlantic, 1970)
Bruce Springsteen, *The Promised Land* (*Darkness on the Edge of Town*, Columbia, 1978)
Supertramp, *The Logical Song* (*Breakfast in America*, A&M, 1979)
Tom Waits, *On the Nickel* (*Hearthattack and Vine*, Elektra, 1980)
Bruce Springsteen, *Land of Hope and Dreams* (*Live in New York City*, Columbia, 2001)
Povia, *I bambini fanno "oh..."* (*Evviva i pazzi... che hanno capito cos'è l'amore*, Target, 2005)

Finale

Un giorno ripenseremo a tutto questo e ci sembrerà divertente.

Bruce Springsteen, *Rosalita* (*Come Out Tonight*), 1973

La musica è una forma d'arte meravigliosa perché riesce ad arrivare a chiunque, anche nelle evidenze più complesse, indipendentemente dalla competenza dell'ascoltatore. Questo suo fondo non concettuale, misterico-sacrale riesce ancora a toccare gli spiriti nonostante la riproducibilità seriale, il soffocamento tecnologico, lo sfruttamento commerciale di cui la musica popolare oggi è vittima? Io credo di sì. Una bella canzone è una bella canzone. Un orecchio educato non ha pregiudizi e con gli anni impara a gustare le proposte più diverse, a contestualizzare culturalmente e storicamente i prodotti, a godere nello scoprire influenze, citazioni, tributi stilistici e tematici.

La storia della musica ci insegna come artisticamente i capolavori si costruiscano attraverso il passato e non contro di esso, in base a una catena di solidarietà dei talenti di cui la società contemporanea sembra aver smarrito il senso. Bruce Springsteen senza Hank Williams, Woody Guthrie, Roy Orbison, Bob Dylan, gli Animals, i Rolling Stones, Van Morrison, John Fogerty, i Clash esisterebbe lo stesso, ma sarebbe un altro Bruce Springsteen. Basta curiosare su YouTube per capire che il *moonwalk* non è un'invenzione di Michael Jackson, ma il risultato di una paziente catalogazione, rielaborazione, attualizzazione di un'intera tradizione di danzatori di colore. E lo stesso vale per i famosi ancheggiamenti di Elvis Presley – quello che al suo debutto radiofonico gli ascoltatori non capivano se fosse un nero con la voce da bianco o un bianco che cantava come un nero –, forse sconvolgenti per la buona borghesia puritana, ma del tutto consueti (e da decenni) negli spettacoli di piazza delle compagnie itineranti.

Oggi viviamo in un'epoca in cui i poteri forti ci illudono di essere tutti diversi, liberi e consapevoli delle nostre esigenze (che possiamo soddisfare subito, al massimo dopodomani, semplicemente facendo ciò che ci viene richiesto). La politica è "servita" e non "servizio", la divulgazione televisiva è abbrutimento cerebrale allo stato puro, i telegiornali danno più spazio alle promo del reality di prima serata che alla politica estera, l'arte cita se stessa ed è scollegata dalla realtà, le mode durano tre mesi, i sistemi educativi parlano di libertà senza contemplare la disciplina: viviamo in una società a compartimenti stagni in cui i vari settori evitano accuratamente i contatti con ciò che non è simile a loro.

Il nostro cervello è diventato una specie di contenitore orizzontale che non qualifica più le conoscenze, semplicemente le cataloga senza verticalizzare, cioè senza discriminarle in positivo. Il troppo facile accesso al sapere garantito dagli avanzamenti tecnologici finisce con l'impedire da un lato un reale approfondimento di qualsivoglia argomento, dall'altro una selezione virtuosa delle informazioni in arrivo. In questo modo l'attualità rischia di trasformarsi in fiction radiotelevisiva mentre la storia diventa una collezione di diapositive a sé stanti, in cui nessun fatto dà ragione di altri fatti e l'abilità nel cogliere le trame viene adombrata dall'enfasi sugli eventi, artatamente amplificata da chi sa e può strumentalizzarli.

Troppo spesso la superficialità prende il posto della sintesi così come l'osservazione di un singolo dettaglio viene scambiata per analisi. Vedere l'albero e non la foresta, per citare una tipica espressione manageriale, è diventata prassi quotidiana anche per chi è dotato di una solida cultura di base. La disabitudine al ragionamento critico viene sostenuta da un indirizzo di pensiero che orienta le persone soltanto *in avanti*, non più *in alto*. È in questo modo che viene a perdersi il concetto di "passaggio del testimone". Gli antichi romani potevano ammonire la società corrotta rifacendosi ai *mores maiorum* (i costumi dei progenitori) o stigmatizzare gli eccessi degli imperatori ricordando i fasti dell'età repubblicana, i filosofi medievali potevano ricordare a tutti che siamo soltanto nani sulle spalle di giganti, le correnti neoclassiche o romantiche potevano rifarsi a modelli etici ed estetici ben riconoscibili per stabilire un canone, ancora nel Novecento artisti come Stravinskij o Picasso potevano prestare volentieri il loro genio al Moloch dell'innovazione anche e forse proprio perché erano perfettamente in grado di dimostrare che sapevano papparsi a colazione la tradizione delle loro rispettive discipline. Ma oggi tutti quei riferimenti culturali che si potrebbero cogliere anche solo attraverso un semplice respiro del tempo sembrano irrimediabilmente perduti. O meglio: ci si comporta come se non fossero mai esistiti.

Le ricadute negative sul piano etico sono sotto gli occhi di tutti. Una volta si insegnava a cogliere le opportunità (il *carpe diem* di Orazio), oggi si impara a vivere di opportunismo: i furbi avanzano, gli intelligenti soccombono. Si è perso il senso del limite e porvi rimedio è tanto più difficile quanto più strategicamente vengono limitate le occasioni di confronto o le si riducono a giochi di superficie, impedendo un reale scambio di cultura e di opinioni.

È proprio qui che torna utile la musica, perché la musica è innanzitutto comunicazione: un medium tra autore (che a sua volta ricorre ad altri medium: parole, tecnica strumentale, colleghi musicisti ecc.) e ascoltatore. La musica è un fatto sociale: l'uomo contemporaneo ha un disperato bisogno di emozionarsi in comunità e la buona musica può rivelarsi un ottimo antidoto da opporre all'esasperazione dell'individualismo, con le sue piccole morali e la sua smania competitiva. Le convention aziendali, i team building, i sales launch non sono che copie sbiadite e inautentiche di quanto può produrre un buon concerto in termini emozionali: qui l'effetto ci accompagna nel tempo e ci ricarica a distanza di anni divenendo un ricordo sempre attuale, là svanisce già nel viaggio di ritorno. L'arte contro la parte.

È un fatto che riguarda tutti: la nostra personalità si rispecchia anche attraverso quelle che consideriamo le canzoni più belle della nostra vita. Ce le portiamo dentro come i vecchi amici per i quali l'affetto è immutato anche se li vediamo poco. L'unica differenza è che le canzoni non invecchiano, o meglio, è il loro messaggio che non invecchia e per goderlo appieno è importante che proviamo a viverlo e a ricavarne tutti gli insegnamenti possibili.

Gli autori dei grandi pezzi spesso sono persone con un passato difficile, di cui parlano a fatica: alla maggior parte di loro è successo qualcosa per cui l'idea di rifugiarsi nell'arte corrispondeva al bisogno di gridare al mondo: "Io esisto!". Ecco, anche negli ambienti di lavoro prima o poi capita a tutti che nasca spontanea questa esigenza. Già solo per questo la sintonia del management con l'arte musicale può essere immediata. La musica combatte la spersonalizzazione e l'omologazione di cui tanti lavoratori soffrono nelle loro aziende: fa muovere i piedi, fa sorridere, dà energia. Togliete la filodiffusione dagli uffici e scatenerete una piccola rivoluzione. La musica ci fa sentire aggrappati all'esistenza, ci mantiene in contatto col mondo e con tutto ciò che nei bunker del profitto non può trovare posto.

Le corporation assumono persone di 30 anni e le fanno sentire in colpa se non sposano il DNA dell'azienda, se il loro gruppo sanguigno non è lo stesso del brand che gli paga lo stipendio, come se prima fossero vissute invano, perdendo tempo a inseguire obiettivi sbagliati o come se cambiare mentalità fosse facile come riverniciare una parete di casa. Gli U2 in *One* (1991) cantano:

> Siamo una cosa sola,
> ma non siamo la stessa cosa.

Le corporation nei fatti sembrano ribaltare il concetto: *siamo la stessa cosa* quando si tratta di stabilire retribuzioni e tagli al personale (magari in vista di una quotazione in Borsa o di una cessione di ramo d'azienda), *non siamo una cosa sola* quando si tratta di mettere pressione facendo leva sui punti deboli individuali. Le applicazioni delle meritorie e varie teorie motivazionali (studi rigorosi e approfonditi) sono purtroppo solo occasionali, strumentali e calcolate. È raro che vi sia reale partecipazione: più che altro si assiste a un coro di commitment/engagement/challenge bislaccamente presentato come un piacere, ma sempre introdotto dall'espressione "Dovete essere…". Alla fine, insomma, è davvero la qualità, la struttura personale del manager a farci accettare questa realtà, ben al di là delle coreografie aziendali.

Intendiamoci: essere un buon manager oggi è tutt'altro che facile. Non basta saper esercitare le classiche funzioni dirigenziali – programmare, organizzare, coordinare, comandare, controllare – e neppure basta più saper guidare, sviluppare, motivare. Oggi il bravo manager non può sottrarsi a un compito che nessun contratto metterà mai per iscritto: *educare*.

In un'epoca in cui le istituzioni tradizionali preposte alla formazione di una coscienza civile – famiglia, scuola, religione, esercito ecc. – segnano il passo, c'è il rischio che le persone crescano virtualizzando la realtà, formandosi l'idea che esistono tanti modi per stare al mondo quante sono le teste in circolazione. Così va a finire che i giovani arrivano in azienda impreparati rispetto alle reali incombenze della vita e inconsapevoli di una certa personale vulnerabilità psicologica, che invece agli altri e in particolar modo a chi se ne vuole approfittare è più che manifesta. Sempre più spesso si entra nel mondo del lavoro senza aver mai sperimentato o più semplicemente condotto una riflessione potente sul concetto di convivenza serena, di rispetto per i codici, di valore e necessità della gerarchia, refrattari a ogni forma di valutazione così come raramente si sarà ragionato di meritocrazia, di integrazione culturale o di gestione per obiettivi. E, anche dove se ne è sentito parlare, spesso sono mancati gli esempi. Tocca al buon manager allora prendersene carico: al momento ne va della funzionalità organizzativa, in futuro niente di meno della sopravvivenza stessa dell'organizzazione.

Il manager che educa è innanzitutto un manager *educato*, e ciò impone l'istanza di essere competenti non solo come professionisti, ma anche come uomini. Che significa, oltre alla capacità di pensare, anche la capacità di *sentire*: la corda di una chitarra che vibra produce sì una nota fondamentale, ma a ogni tocco volano nell'aria anche derivate armoniche che con essa consonano. Questo significa sentire: cogliere il molteplice nell'unità.

La capacità di mettere ordine nelle realtà complesse, di percepire le sfumature dove gli altri vanno giù di grosso, come gli esquimesi che individuano differenti tonalità di colore nella neve, qualifica il bravo manager come una persona in grado di fare la differenza. Proprio qui guadagna un senso il cimento con l'osservazione della realtà, la responsabilità, il potere, la trappola organizzativa, l'autodisciplina, la fiducia: l'uomo-manager è fatto per vivere in società-azienda, l'uomo-manager *crea* la società-azienda in cui vive e, servendosi di una griglia interpretativa come quella che si è voluta fornire in questo libro, può consapevolmente appropriarsi del dovere di dare un contributo anche umanistico alle forme organizzative cui appartiene.

> Il prezzo da pagare, il prezzo da pagare,
> ora non puoi scappare dal prezzo da pagare

canta giustamente Springsteen in *The Price You Pay* (1980). Il lavoro del manager oggi è anche, soprattutto questo. Il manager condivide? Il manager contesta? L'importante è l'azione. La musica, promuovendo relazione, dialogo, rispetto senza curarsi del reddito o del ruolo, si candida con chiarezza a valido sostegno del manager per l'esercizio di questi compiti. La musica non è evasione, non è una realtà a sé: permea totalmente il nostro vissuto. Un mondo senza musica è un mondo disperato (nella *Divina Commedia* all'Inferno non c'è musica, ma solo rumore). Limitare la musica alla funzione di colonna sonora degli eventi sarebbe una leggerezza imperdonabile. Non lasciamo che la musica ci muova il cuore solo in privato: rendiamola operativa e fondiamola coi nostri valori, i nostri progetti, la nostra professione, la nostra organizzazione, la nostra vita.

C'è un uomo, un grande del rock, uno dei più influenti, carismatici e autentici personaggi della scena musicale londinese, la cui biografia è esemplare e per certi versi commovente (un fratello suicida, un padre diplomatico internazionale che l'ha fatto crescere nei collegi, l'espulsione da una scuola d'arte per intemperanza creativa, la gavetta nei pub suburbani). Si chiama Joe Strummer ed è stato il frontman dei Clash (il loro brano simbolo, *London Calling*, è stato intonato da Springsteen come canzone di apertura del suo concerto di Londra nel giugno del 2009). Joe Strummer è morto nel 2002 a 50 anni per un attacco di cuore. Nel 2007 è stato oggetto di una biografia cinematografica (*Il futuro non è scritto*) da parte di Julian Temple, storico regista legato agli ambienti musicali inglesi (dai Sex Pistols a David Bowie). Il documentario riproduce i momenti salienti della vita e della carriera dell'artista, lasciando spazio ai commenti di illustri ammiratori (Bono degli U2, Martin Scorsese, Steve Buscemi, Johnny Depp, Anthony Kiedis dei Red Hot Chili Peppers, John Cusack, Jim Jarmush ecc.) e alla voce stessa di Strummer, registrata durante le interviste o mentre parlava dai microfoni della BBC World Service in qualità di disc jockey. Joe Strummer ha sempre creduto nella funzione sociale della musica e ne ha sempre esaltato il ruolo di agente comunicatore perché per lui non può esserci veramente arte né vita dove ognuno pensa solo ai fatti propri. Per Joe la musica ha il compito di liberare le coscienze, contribuire alla formazione valoriale di un individuo e condurlo verso ciò che è fondamentale:

> E ora vorrei dire che la gente può cambiare qualsiasi cosa se vuole, e intendo qualsiasi cosa al mondo. La gente corre, segue i suoi piccoli binari. Io sono uno di loro. Ma dobbiamo smettere tutti di seguire i nostri miseri binari. La gente può fare qualsiasi cosa. È una cosa che sto iniziando a imparare. La gente là fuori si fa del male a vicenda. È perché è stata disumanizzata. È ora di riportare al centro l'umanità e di seguirla per un po'. L'avidità non porta da nessuna parte. Dovrebbero scriverlo su un grande cartellone a Times Square. Senza gli altri non siamo niente. Questo è quello che penso.

E questo è anche un bel modo per concludere e regalare un plettro a chi deve suonarsi la vita. Ricorda, manager, senza gli altri non sei niente.

Melografia

Elenco delle canzoni di cui si riportano brani nel testo in ordine alfabetico per interprete, titolo, autori (quando diversi dall'interprete), editore, album, casa discografica, anno di pubblicazione. Ogni sforzo è stato compiuto per riportare correttamente i detentori dei diritti. Qualsiasi omissione non è voluta, e l'autore del libro sarà lieto, nel caso di segnalazioni di errori, di apportare le correzioni appropriate nelle eventuali ristampe dell'opera.

Alice, *Per Elisa*, Alice/Battiato/Pio, Belriver Srl, *Alice*, EMI, 1981

Baglioni C., *Avrai*, Cosa/EMI Songs, Columbia, 1982

Battiato F., *Bandiera bianca*, EMI Music Publishing Italia Srl, *La voce del padrone*, EMI, 1981

Battiato F., *Centro di gravità permanente*, Battiati/Pio, EMI Music Publishing Italia Srl, *La voce del padrone*, EMI, 1981

Battiato F., *La cura*, Battiato/Sgalambro, L'Ottava Srl, *L'imboscata*, Mercury/Universal, 1996

Battiato F., *Di passaggio*, Battiato/Sgalambro, L'Ottava Srl, *L'imboscata*, Mercury/Universal, 1996

Battiato F., *Shakleton*, Battiato/Sgalambro/Wieck, Universal Music Italia/L'Ottava Edizioni Musicali, *Gommalacca*, 1998

Bennato E., *Un giorno credi*, Bennato/Trampetti, Wiz Music/BMG Ricordi Spa, *Non farti cadere le braccia*, Ricordi, 1973 – *I buoni e i cattivi*, Ricordi, 1974

Bennato E., *L'isola che non c'è*, Cinquantacinque Edizioni Musicali, *Sono solo canzonette*, Ricordi, 1980

Bennato E., *Sono solo canzonette*, Cinquantacinque Edizioni Musicali, *Sono solo canzonette*, Ricordi, 1980

Berté L., *Il mare d'inverno*, Ruggeri, EMI Songs/Penelope Edizioni Musicali, *Jazz*, Columbia, 1983

Berté L., *Ragazzo mio*, Tenco, BMG Ricordi Spa, *Savoire faire*, Columbia, 1984

Cash J., *Folsom Prison Blues*, Carlin Music Corp., Sun Records, 1957

Chapman T., *Fast Car*, SBK April Music Inc./Purple Rabbit Music, *Tracy Chapman*, Elektra, 1988

Consoli C., *Eppur si muove*, Universal Music Italia Srl/Narciso Records Srl, *L'eccezione*, Polydor, 2002

Consoli C., *L'eccezione*, Universal Music Italia Srl/Narciso Records Srl, *L'eccezione*, Polydor, 2002

De André F., *Un giudice*, André/Bentivoglio/Piovani, BMG Ricordi Spa, *Non al denaro, non all'amore né al cielo*, Produttori Associati, 1971

De Gregori F., *Caterina*, Serraglio Edizioni Musicali Srl/BMG Ricordi Spa, *Titanic*, RCA, 1982

De Gregori F., *La leva calcistica della classe '68*, Serraglio Edizioni Musicali Srl/BMG Ricordi Spa, *Titanic*, RCA, 1982

De Gregori F., *I muscoli del capitano*, Serraglio Edizioni Musicali Srl/BMG Ricordi Spa, *Titanic*, RCA, 1982

Endrigo S., *Ci vuole un fiore*, Rodari/Endrigo/Bacalov, BMG Ricordi Spa, *Ci vuole un fiore*, Ricordi, 1974

Fossati I., *La costruzione di un amore*, BMG Ricordi Music Publishing Spa, *Panama e dintorni*, RCA, 1981

Fossati I., *La pianta del tè*, Il Volatore Srl/Sony Music Publishing Srl, *La pianta del tè*, Columbia, 1988

Fossati I., *La guerra dell'acqua*, Il Volatore Srl, *Musica moderna*, Capitol, 2008

Gaber G., *La libertà*, Gaber/Luporini, Edizioni Curci Srl, *Far finta di essere sani*, Carosello, 1973

Gaber G., *La nave*, Gaber/Luporini, Edizioni Curci Srl, *Far finta di essere sani*, Carosello, 1973

Gaber G., *Il mercato*, Gaber/Luporini, *Un'idiozia conquistata a fatica. Gaber 97/98*, GIOM, 1998

Grandi I., *Prima di partire per un lungo viaggio*, Rossi/Curreri/Drovandi, EMI Music Publishing Italia/Bollicine Srl/Giamaica Srl, *Prima di partire*, Warner Music Italia, 2003

Jannacci E., *Faceva il palo*, Jannacci/Valdi, *30 anni senza andare fuori tempo*, DDD, 1989

Ligabue, *Una vita da mediano*, Fuoritempo/Getar, *Miss Mondo*, WEA, 1999

Paoli G., *Quattro amici*, Paoli/Penzo, Stak Srl Ed. Musicali/Warner Chappell Music It./Universal Music Publishing Ricordi Srl/Fonit Cetra Music Publishing Srl, *Matto come un gatto*, WEA, 1991

Rossi V., *Siamo solo noi*, Targa Italiana/Star, *Siamo solo noi*, Targa Italiana, 1981

Rossi V., *Vivere*, Rossi/Riva/Ferro, EMI Music Publising Italia Srl/Bollicine Srl/Le Furie Srl, *Gli spari sopra*, EMI, 1993

Rossi V., *Sally*, EMI Music Publishing Italia Srl/Bollicine Srl/Star, *Nessun pericolo… per te*, EMI, 1996

Rossi V., *Un senso*, Curreri/Grandi/Rossi, EMI Music Publishing Italia Srl/Giamaica Srl, *Buoni o cattivi*, EMI, 2004

Filmografia

300, Zack Snyder, USA, 2007
Alexander, Oliver Stone, USA, 2004
Attimo fuggente (L'), Peter Weir, USA, 1989
Banda degli onesti (La), Camillo Mastrocinque, Italia, 1956
Blood Brothers, Ernie Fritz, USA, 1996
Blues Brothers (The), John Landis (USA, 1980)
Contrabbandiere (Il), Arthur Ripley, 1958
Forrest Gump, Robert Zemeckis, USA, 1994
Fuga di mezzanotte, Alan Parker, Gran Bretagna/USA, 1978
Furore, John Ford, USA, 1940
Futuro non è scritto (Il) – Joe Strummer, Julian Temple, Irlanda/UK/USA, 2007
Jerry Maguire, Cameron Crowe, USA, 1996
Leggenda di Bagger Vance (La), Robert Redford, USA, 2000
Matrix, Andy Wakhowsky e Larry Wakhowsky, USA/Australia, 1999
Meglio gioventù (La), Marco Tullio Giordana, Italia, 2003
Non ti muovere, Sergio Castelletto, Italia/Spagna/Gran Bretagna, 2004
Orizzonti di gloria, Stanley Kubrick, USA, 1957
Quarto potere, Orson Welles, USA, 1941
Rabbia giovane (La), Terrence Malick, USA, 1973
Radiofreccia, Luciano Ligabue, Italia, 1998
Rambo, Ted Kotcheff, USA, 1982
Socio (Il), Sydney Pollack, USA, 1993
Soliti ignoti (I), Mario Monicelli, Italia, 1958
Star Wars, George Lukas, USA, 1977
Terminator, James Cameron, USA, 1984
Tutta la vita davanti, Paolo Virzì, Italia, 2008
Vita agra (La), Carlo Lizzani, Italia, 1964
Vita è bella (La), Roberto Benigni, Italia, 1997
Wall Street, Oliver Stone, USA, 1987
Wings for Wheels: The Making of Born to Run, Thom Zimmy, USA, 2005

Springsteen B., *Growin' up*, *Greatings from Asbury Park, NJ*, Columbia, 1973
Springsteen B., *Rosalita (Come Out Tonight)*, *The Wild, the Innocent & the E Street Shuffle*, Columbia, 1973
Springsteen B., *Born to Run*, *Born to Run*, Columbia, 1975
Springsteen B., *Thunder Road*, *Born to Run*, Columbia, 1975
Springsteen B., *Badlands*, *Darkness on the Edge of Town*, Columbia, 1978
Springsteen B., *The River*, *The River*, Columbia, 1980
Springsteen B., *The Price You Pay*, *The River*, Columbia, 1980
Springsteen B., *Reason to Believe*, *Nebraska*, Columbia, 1982
Springsteen B., *Born in the USA*, *Born in the USA*, Columbia, 1984
Springsteen B., *No Surrender*, *Born in the USA*, Columbia, 1984
Springsteen B., *Souls of the Departed*, *Lucky Town*, Columbia, 1992
Springsteen B., *If I Should Fall Behind*, *Lucky Town*, Columbia, 1992
Springsteen B., *Radio Nowhere*, *Magic*, Columbia, 2007
Springsteen B., *Working on a Dream*, *Working on a Dream*, Columbia, 2009
Tiromancino, *Il rubacuori*, Zampaglione, Deriva Production Srl, *Il suono dei chilometri*, Edel, 2008
U2, *One*, Blue Mountain Music Ltd, *Achtung Baby*, Island, 1991
Vecchioni R., *Stranamore (Pure questo è amore)*, Fortissimo Gruppo Editoriale Srl, *Calabuig, stranamore e altri incidenti*, Philips, 1978
Vecchioni R., *Alessandro e il mare*, Fortissimo Gruppo Editoriale Srl, *Milady*, CGD, 1989
Zero R., *Amico*, Baldan Bembo/Evangelisti/Zero, RCA/Zeromania Music, *Tregua*, Zerolandia/RCA, 1980

Bibliografia

Alighieri D., *Commedia*, 3 voll., a cura di A.M. Chiavacci Leonardi, Mondadori, Milano, 1991-1997

Alighieri D., *Convivio*, a cura di G. Inglese, Rizzoli, Milano, 1993

Alighieri D., *Vita Nova*, a cura di G. Gorni, Einaudi, Torino, 1996

Atkins P., *Il dito di Galileo*, Raffaello Cortina, Milano, 2004

Bakan J., *The Corporation*, Fandango, Milano, 2004

Barrie J.M., *Peter Pan. Peter Pan nei Giardini di Kensington – Peter e Wendy*, Einaudi, Torino, 2008

Bateson G., *Verso un'ecologia della mente*, Adelphi, 1976

Boezio A.M.S., *La consolazione della filosofia*, Rizzoli, Milano, 1977

Capra F., *Il Tao della fisica*, Adelphi, Milano, 1982

Celli P.L., *Comandare è fottere*, Mondadori, Milano, 2008

Cioran E.M., *Sillogismi dell'amarezza*, Adelphi, 1993

Clapton E., *L'autobiografia*, Sperling & Kupfer, Milano, 2008

Clausewitz K. von, *Della guerra*, Mondadori, Milano, 1970

Collodi C., *Le avventure di Pinocchio. Storia di un burattino*, Mondadori, Milano, 1981

D'Egidio F., *Il valore dell'equipaggio*, ETAS, Milano, 2007

Dylan B., *Chronicles. Volume 1*, Feltrinelli, Milano, 2005

Eraclito, *I frammenti*, a cura di Luciano Parinetto, Stampa Alternativa, Roma, 1993

Galbraith J.K., *Storia dell'economia*, Rizzoli, Milano, 1988

Gardner H., *Formae mentis. Saggio sulla pluralità dell'intelligenza*, Feltrinelli, Milano, 1988

Goleman D., *Intelligenza emotiva*, Rizzoli, Milano, 1996

Grisham John, *Il socio*, Mondadori, Milano, 1991

Hesse H., *Poesie. Poesie romantiche*, Newton Compton, Roma, 1992

Himes G., *Born in the USA. Bruce Springsteen*, No Reply, Milano, 2008

Jünger E., *Trattato del ribelle*, Adelphi, Milano, 1990

Lao-tsu, *Tao te Ching*, Mondadori, Milano, 1998

Le Bon G., *Psicologia delle folle*, TEA, Milano, 2004

Lee Masters E., *Antologia di Spoon River*, a cura di F. Pivano, Einaudi, Torino, 1943

Leopardi G., *Poesie e Prose*, 2 voll., a cura di R. Damiani e M.A. Rigoni, Mondadori, Milano, 1987-1988

Ligabue L., *Fuori e dentro il borgo*, Baldini Castoldi Dalai, Milano, 1997

Levy J., a cura di, *Rolling Stone, I 500 migliori album di ogni tempo*, White Star, Vercelli, 2006
Machiavelli N., *Il Principe*, Rizzoli, Milano,1997
Malik F., *Il management come professione*, Il Sole 24 Ore, Milano, 2007
Marco Aurelio, *Pensieri*, Mondadori, Milano, 1989
Marsh D., *Nato per correre*, Gammalibri, Milano, 1983
Marzano M., *Estensione del dominio della manipolazione dall'azienda alla vita privata*, Mondadori, 2009
Morgan G., *Images*, Franco Angeli, Milano, 2002
Mussolini B., *Opera omnia*, vol. XXXII, a cura di E. Susmel e D. Susmel, La Fenice, Firenze, 1960
Nietzsche F., *Umano, troppo umano*, 2 voll., Adelphi, Milano, 1965
Nietzsche F., *Così parlò Zarathustra*, Adelphi, Milano, 1968
Nietzsche F., *Le poesie*, Einaudi, Torino, 2000
Omero, *Odissea*, Einaudi, Torino, 1963
Pareto V., *Trattato di sociologia generale*, UTET, Torino, 1988
Pascoli G., *Tutte le poesie*, Newton Compton, Roma, 2001
Pasqualotto G., *Il Buddhismo. I sentieri di una religione millenaria*, Bruno Mondadori, Milano, 2003
Platone, *Tutti gli scritti*, a cura di G. Reale, Rusconi, Milano, 1991
Rimbaud Arthur, *Poesie e prose*, Mondadori, Milano, 1975
Russell B., *L'ABC della relatività*, Longanesi & C., Milano, 1960
Saint-Exupéry A. de, *Il piccolo principe*, Bompiani-RCS, Milano, 1994
Shakespeare W., *Tutto il teatro*, Newton Compton, Roma, 1990
Shiva V., *La guerra dell'acqua*, Feltrinelli, 2004
Sorge P., a cura di, *Motti dannunziani*, Newton Compton, Roma, 1994
Spagnol E., Spagnol L., a cura di, *Machiavelli per i manager*, Ponte alle Grazie, Milano, 1999
Springsteen B., *Come un killer sotto il sole. Il grande romanzo americano (1972-2007)*, a cura di L. Colombati, Sironi, Milano, 2007
Steinbeck J., *Furore*, Bompiani, Milano, 2006
Sutton R.L., *Il metodo antistronzi*, Elliot, Milano, 2007
Voltaire, *Candido o l'ottimismo*, Newton Compton, Roma, 1994
Weber M., *L'etica protestante e lo spirito del capitalismo*, Rizzoli, Milano, 1991
Werner-Lobo K., *Il libro che le multinazionali non ti farebbero mai leggere*, Newton Compton, Roma, 2009